地球と人類を救う

TRUTH
真実追求者たちとの対話
SEEKERS

～光と闇の最終章が今、はじまる～

◆ ◆ ◆

佐野美代子
Miyoko Sano

ホワイトハット パラディン

ジーン・コーセンセイ

チャーリー・フリーク

White Hats Paladin　　Gene Cosensei　　Charlie Freak

VOICE

はじめに

　今、私たちのこの世界では、「光と闇の闘い」が進行しています。

　それも、この地球という惑星の枠を超えて、壮大な宇宙レベルでその闘いは行われています。

　この闘いがなければ、私たちが今、当然のように享受している日々の幸せさえも、気がついたら、時遅しとなっていたかもしれないのです。

　これまで人類は、闇の勢力によって過去から何百年間にもわたり、世界の裏側で支配・搾取されてきました。

　けれども、2016年のトランプ大統領の当選や「Q（Qアノン）」の登場により、やっと希望の持てる未来が見えてきたのです。

　実は、昨年の11月に世界中が注目したトランプ対バイデンの闘いこそ、光と闇の最終決戦だったのです。

　それは、人類にとって自由と民主主義、いえ、生存そのものを賭けた闘いだったと言っても過言ではありません。

　だからこそ、世界中であれほど多くの人々がトランプ大

統領のことを熱狂的に支持したのです。

　本書が出る頃には、民主党側が大胆に行った不正選挙の闇は正されて、トランプ大統領が再選されていることを私は信じています。

　なぜならば、最後に光は闇に勝つからです。

　さて本書は、世界中で真実を追求している人々の中でも、とりわけそのリサーチ能力に優れた人、そして、発信する情報に信憑性が高い3人をセレクトしてインタビューをした対談集です。

　まずはここで、簡単に私自身のご紹介をしておきましょう。

　私は、幼い頃からさまざまな国で暮らす体験を経て、海外生活通算24年間の中で、常に国際感覚を持ち日本を世界から俯瞰する視点や、大局的・客観的に物事を捉える視点を持ち育ってきたように思います。

　さらには、長年の国際会議の同時通訳者としての経験や、世界的なベストセラーになった書籍『ザ・シークレット』の翻訳など、語学力を通じて海外のVIPやリーダー

たちとも交流する機会にも恵まれました。

　そんな私が日本の人について感じていること。
　それは、「日本人は世界で本当に起こっている真実に触れていない」ということです。
　これはある意味、とても致命的なことなのです。
　それは、言葉の壁の問題もあるかもしれません。
　また、日本人は協調性があり、人に優しく性善説をそのまま生きているようなところもあるからでしょう。さらには、島国で平和ボケしている部分もあるのかもしれません。
　良くも悪くも"闇の存在"のことを知らないし、信じようとしない、いえ、信じたくないのが日本人です。

　でも、この世界には優生学や人口削減の名のもとで計画されている核戦争、生物兵器、5Gなどの電磁波攻撃、地下基地、アドレノクロム抽出のための子どもの誘拐、人工地震、エイリアンとのハイブリッド実験、気象兵器、マイクロチップ、監視社会など、ありとあらゆる怖ろしい案件が秘密裏に実行されているのです。
　こんなことなど、信じたくないのも当然かもしれません

ね。

　それらについて、今回は世界を代表する真実追求のエキスパートたちが、まだまだ知られていない情報についても語ってくれました。

　世界の金融の闇に詳しいホワイトハットのパラディンさん、世界の地下基地に詳しいジーン・コーセンセイさん、そして、占星術やスピリチュアルな観点からも真実を捉えるチャーリー・フリークさんの3人は、それぞれ危険を冒しながら命を懸けて、真実を私たちに伝えてくれている貴重な方たちです。

　今回、この3人には、トランプ大統領やQ（Qアノン）について、今後、世界に向けて流されるといわれている緊急放送について、世界的な金融リセットについて、JFKジュニアについてなど、あえて同じ質問をさせていただきました。

　これらについて、それぞれ3人が伝えてくれる情報がどれだけ違うか、また、どこに共通点があるか、などの視点から本書を読んでいただくのも面白いかもしれません。

　ひとつだけ言えるのは、3人がほぼ同じような回答をし

てくださっている、というところです。

　今後、光と闇の闘いの後には、フリーエネルギーや難病さえも治癒に導く最先端のテクノロジーが人々に開放され、平和で美しく、豊かな地球に移行していくはずです。

　私たちの未来は希望にあふれているのです。
　でも、そのために、いつも陰になり、かつ無償で真実を追求している人たちがいることを私たちは忘れてはなりません。

　読者の皆さんは、「1日もはやく平和で美しく、豊かな地球になれるように」という思いで、本書を読み進めていただければ幸いです。

佐野美代子

CONTENTS

PART I

ホワイトハット パラディン
White Hats Paladin

カバールが世界の裏で動かす
金融の闇をレポートで暴く！

PART II

ジーン・コーセンセイ
Gene Cosensei

世界の地下基地のスペシャリストが
人類を救うために情報を発信！

PART
III

チャーリー・フリーク
Charlie Freak

愛と癒しのエネルギーで
嘘を燃やし尽くす！

おわりに

PART
I

ホワイトハット
パラディン

White Hats Paladin

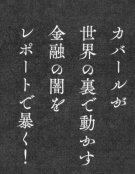

カバールが
世界の裏で動かす
金融の闇を
レポートで暴く!

真実を告発する 「ホワイトハット」とは?

美代子　今日は、ホワイトハットのパラディンさんをお迎えしました。

パラディン　日本の皆さん、こんにちは。私はパラディンです。ご招待いただき、ありがとうございます。

美代子　こちらこそ、本日はこうやって直接お話しできることをうれしく、光栄に思います。まず、パラディンさんご自身の簡単な自己紹介と「ホワイトハット」という組織について、またホワイトハットから出しているレポート「ホワイトハットレポート」についても、簡単にご紹介いただけますか。

パラディン　はい。私たちは今から10年前の2010年の11月からレポートを書きはじめて、ちょうど10年になります。発足以降、これまで多くのレポートを書いてきました。また、「ホワイトハット・メディアグループ」という

アカウントの「YouTube チャンネル」も開設して、ライブストリームや動画も公開しています。ウェブサイトには、ショップや「ディスコード」と呼ばれるチャットコミュニティもあります。

　また、サイトの「About Us（私たちについて）」というセクションでは、ホワイトハット・グループの起源についても掲載されています。それは、イギリスの隠れ家で、初めてメンバーたちが会った時のことなどについてです。ホワイトハットとは、いわゆる「カバール」「ディープ・ステイト」「影の政府」などとさまざまな呼び名がありますが（以降、本書においては「カバール」と表現）、彼らの支配から地球を解放したい人々のネットワークと言ってもいいでしょう。メンバーは、政府組織やビジネスの世界、軍隊などの中に存在しています。軍隊には現役及び退職した人の両方がいらっしゃいます。

　ホワイトハット結成の目的は、この世界の進む方向性を考慮したときに、「もう、私たちが立ち上がるしかない！」と、メンバーが集まって決起したのです。メンバーの一人ひとりには各々の任務があり、それぞれの国で各々がカ

バールと全力で闘ってきました。特に、2016年にトランプが大統領に選出された時にはうれしかったですね。なぜなら、彼はホワイトハットのメンバーの1人だからです。今、これまで何百年も地球を支配してきた13の血統の悪魔的な影響から、人類は解放されようとしています。

美代子 YouTubeで最初に紹介された動画は、「ホワイトハットレポート48」ですね。

パラディン はい。このレポート48は、アメリカ合衆国の影の政府の起源や、彼らがどのように勢力を伸ばしてきたかについての動画です。アメリカでは、1940年代後半から1950年代初めに影の政府の存在がはじまったようです。そもそも事のはじまりは、1933年にアメリカ合衆国の海軍の将校たちが彼らの軍隊を使って、アメリカ政府を倒そうとしたことでした。スメドリー・バトラー少将とい

「ホワイトハット・メディアグループ」ウェブサイト

ホワイトハットのメンバーが運営するウェブサイト。2010年のスタート時からこれまでに書かれたレポートは、すべてこのウェブサイトで読むことができる。
https://whitehatsreport.com/

う人が米国海兵隊にいて、彼は第1次世界大戦における英雄だったのですが、その彼が、上院議会でアメリカの銀行家や業界の関係者たちが自分を雇って政府を倒そうとした話を報告したのです。その後、第2次世界大戦後には、CIAが「*ペーパークリップ作戦」の下で、ドイツの兵士、科学者、ビジネスマンなどの才能ある人材を影の政府の活動に活かすために、米国に連れてきました。ちょうどその頃、アメリカ合衆国の影の政府ができたのです。

　ちなみに、影の政府を作ったのは「5人のギャング」と呼ばれていますが、それらは、ジョージ・ブッシュ・シニア（第41代大統領）、ウィリアム・コービー（元CIA長官）、ルバート・フェラーラ（大佐）、ドナルド・ラムズフェルド（元大統領首席補佐官）、リチャード・アーミテージ（元国務副長官）です。

　彼ら5人はまた、「ファイブ・スター・トラスト」の名でも知られていて、自分たちの活動のために口座を開設し、資金洗浄をして権力を手にしました。また、影の政

＊ペーパークリップ作戦（Operation Paperclip）

第2次世界大戦末から終戦直後にかけて、ナチスドイツの科学技術に関心を持ったアメリカ軍が、ドイツ人の優秀な科学者らをドイツからアメリカに連行した作戦のコードネーム。

府は、サウジアラビアの2人の王様にもつながります。ア
メリカ政府が第2次世界大戦時に助けた、ラッキー・ルチ
アーノというギャングをシチリアに追放したりもしまし
た。このように影の政府の話は非常に長く、かつ複雑なの
で、シリーズのレポートとして出すことにしたのです。こ
のレポートのシリーズのパート2に取り組んでいて、新型
コロナウイルスの問題が起きたので遅れていたのですが、
これも2020年のうちには出せるでしょう。

美代子　それは、素晴らしいですね！　その作業を今、さ
れているのですね。

パラディン　はい、パート2の作業をしていますが、それ
は、4つか5つのパーツから成るでしょう。今、私たちが
体験している新型コロナウイルスの問題は、地球上におけ
る第3次世界大戦のようなものです。そこで、現在は作業
をちょっと中断し、現在世界で起きることに集中している
というわけです。

レポートをすぐに
公開する理由

美代子　ありがとうございます。ところで、パラディンさんは、結成当初からのメンバーだったのですか？

パラディン　はい。初期メンバーは当初は何人かいましたが、このレポートをネットで公開することを思いついたのは私です。この作業のために7人から8人のメンバーがいたと思いますが、「T・マン」と呼ばれるメンバーと私が最初の47のレポートを書き、以降のレポートは私1人で書いています。T・マンは他にやるべきことができたので、2012年にホワイトハット・メディアグループから去っています。

　また、レポートを書く際には情報提供者に下書きを見せて、内容が正しいかどうかを確認した上で修正があればしてもらい、なるべく、その日のうちに書き上げています。多くの場合、夕方にその日のインテル情報が入るので、その日のうちにレポートを投稿するようにしてきました。

　というのも、すぐにレポートを報告することで、カバール に彼らの悪事を私たちが知っていること、さらには、法 執行機関や政府が罪を犯していることについても、彼らの 悪事を把握していることを告げるためです。ちなみに、こ れまで公開したレポートの中で人気があったのが、2012 年2月16日に貴族院（イギリスの上院議会）でジェーム ス卿がスピーチした「15兆ドルの資金」についてのレポー トです。不正に資金洗浄されたであろう15兆ドルという お金に関して、調査をするよう求めた彼の有名なスピーチ の10分間の動画があります。

　また、私たちの「ホワイトハットレポートの36と41」 には、3つの500万ドルと5兆ドルの「スウィフト（銀行 間の国際金融取引のネットワークシステム）」が、2009年 の4月と5月に発行されたものとして報告されています。 それらは、存在しない金に裏付けされていました。そこで 私たちは、「連邦準備制度（米国の中央銀行制度）」が不正 を働いていることを暴露したのです。15兆ドルを何もな いところから作り出し、それを「JPモルガン」を通して、 スコットランドの王立銀行に送り、ヨーロッパの「ピュ

アーハート投資事業有限会社」へ、そして、そのピュアーハート投資事業有限会社が誰なのか、突き詰めていくと、5人のギャングやファイブ・スター・トラストに辿り着いたのです。それについては、レポート48の動画シリーズ（パート4と5）で公開します。「ホワイトハットレポート48」は、そういった内容です。

　さらに、私たちのレポートでは、政府高官や大統領や銀行の不正を暴露していますが、「ホワイトハット レポート68」では、トレーディング（取引）プログラムの契約を公開しました。私の知る限り、この契約が一般に公開されたのは、史上初めてです。そのレポート内には、続きとなる契約も載せました。2003年の契約には、アラン・グリーンスパン（元連邦準備制度理事会議長）、ロバート・ルービン（元財務長官）、ティモシー・ガイトナー（元財務長官）などのサインがあり、2番目の契約にはバラク・オバマ（米国前大統領）、ジョー・バイデン（米国前副大統領）、ジャネット・イエリン（元連邦準備制度理事会議長）のサインがあります。もし、それらの書類をご覧になりたければ、「ホワイトハット・レポート36、41と63」も見てください。将来的には、これらについても「48ビデオシリー

ズ」などのレポートで公開していきます。

美代子　ありがとうございます。パラディンさんとチーム
にとって、2010年から今まで、莫大な時間を費やされて
きた調査だと思いますが、これまでの活動で、何か危険を
感じたことはありませんでしたか？

パラディン　はい。もちろん、あります。実際に、2010
年以降、チームの何名かは命を落としているのです。ある
レポートで取り上げた案件では、金融会社にかなりの波乱
が起きたことで、私たちへの殺害依頼もあったようで、私
も命を狙われてしまいました。けれども、なんとかここま
で生き延びて今ここにいますし、活動もやめずに続けてい
ます。

ホワイトハットと
ブラックハットの違い

美代子　そうだったんですね！　でも、トランプ大統領の

おかげで、この世界は安全になってきてはいますよね？

パラディン 　はい。2016年のトランプ大統領の当選は、これまでのゲームを完全に変えました。すでに、私たちのウェブサイトをご覧いただいた方はお気づきだと思いますが、2012年半ば頃には、一旦レポートを出すのをやめたのです。でも、2014年末〜2015年頃から投稿を再開し、2016年の大統領選までには多くのレポートを出しました。そして、2016年にトランプが大統領に選ばれると、先に述べた契約書類の公開をすることにして、その時点から、YouTubeチャンネルも作ったのです。そして動画を出したり、チャット用の「ディスコード」のサーバーを作ったりして、皆さんとの交流もはじまり、さらに真実をお伝えする活動を拡大しています。

　また、ネットワーク内のメンバーたちは、世界の金融を安定させるために尽力しながら、新しい金融システムの構築にも関わっています。これについては、まだあまり詳しく話せませんが、何百年も世界を支配してきた血統から人類を解放するためのサポートを行っています。

美代子 なるほど。あなたは以前、金融リセットのために
メンバーが世界各地に派遣されているとおっしゃっていま
したが、日本にいらっしゃっている方などはいますか？

パラディン 世界の中でも、あなたのいる地域では、特に
多くのことが起きています。これで、答えになっていますか？

美代子 はい、わかりました（笑）。ところで、私たちに
とって、ホワイトハットとは本当はどのような存在なのか
を理解するのは難しいのですが、たとえば、地下基地に詳
しいジーンさんという方が地下基地について報告する際
に、「ここの地下基地は、まだ、ダークハットの支配下で、
こちらはホワイトハットが支配した」というような内容の
ことを報告していました。その場合、ここのホワイトハッ
トとは、特殊部隊のような人のことだと思うのですが？

パラディン 私たちにとって、ホワイトハットとブラッ
クハットの違いは、単に「善良な人」か「そうでない人」
か、というだけです。もともと、ホワイトハットとブラッ
クハットの伝説は、ハリウッドが映画を制作しはじめた

頃、音声のないサイレントムービーからスタートしました。当時は、映画を見る人がわかるように、善人は白いカウボーイハット、悪人は黒いカウボーイハットを被っていたのです。何しろ、無声映画ですからね。ホワイトハットの由来はそこからはじまったのです。そこでレポートを出しはじめた頃に、この言葉を用いることにしました。そこから、「ホワイトハットレポート」いう名前が生まれたのです。

美代子 「善」の「ホワイト」と、「悪」の「ブラック」というわけですね。

パラディン はい。でも、この質問をしてくださってありがとう。というのも、おかげ様で10年たった今、やっと人々の意識に善人と悪人を分ける表現として、ホワイトハットという言葉が浸透してきたからです。今では、軍隊にも、政府にもホワイトハットがいます。CIAやFBI、NSA（国家安全保障局）などというと、みんな悪人と思いがちですが、必ずしもそうではないのです。実際にそういう世界にいればわかるのですが、属している組織ではなく、あくまでもその個人がホワイトハットか、ブラック

ハットかということであり、そこで一人ひとりを見極める
のです。ですから、皆さんがホワイトハットとかブラック
ハットという言葉に言及するのを耳にすると、誇らしい気
持ちになります。なぜなら私たちは、皆さんにこの言葉を
浸透させるために貢献してきたのですから。

美代子　そうですね。でも、ホワイトハットという言葉は
以前からあったとはいえ、レポートにこの名前がつけられ
るまで、人々はこの名称を意識していなかったわけです。
ということは、このホワイトハットという言葉は、あなた
たちが創ったとも言えると思います。

パラディン　それは、正確な評価でしょうね。でも、「ホ
ワイトハッカー（高度なIT知識を持つセキュリティのエ
キスパート」とか、「ブラックハッカー（ホワイトハッ
カーの逆で、その知識を犯罪のために使用）」という言葉
もありますからね。とにかく、今の時代はホワイトハット
なのか、ブラックハットなのか、つまり、その人がどちら
の側にいるのかが重要なのです。

ほとんどの歴代大統領が カバールの操り人形だった

美代子　ありがとうございます。ところで、YouTube の チャンネルには、「ケネディ大統領に貢献する」という動 画がありますが、「13 の血統（ロスチャイルド家、ロック フェラー家、デュポン家など13 のファミリーから成る）」 やイルミナティへの闘いは、ケネディ大統領の頃からはじ まったと思われるのですがいかがですか？

パラディン　1963 年の11 月22 日のあの出来事（ケネディ の暗殺）が、1 つのきっかけにはなりました。なぜなら、 あの時に連中が初めて公に姿を見せたからです。ケネディ 大統領は、すでに彼らの存在に気づいていて、亡くなるそ の年には彼らと闘っていました。今、トランプ大統領が彼 らに対して闘っているように。でも、今との大きな違い は、57 年前には人々が今ほど「カバール」とか「ブラッ クハット（ダークハット）」とか「ディープ・ステイト」 などについて、まだ認識できてはいませんでした。今では テクノロジーも進化して、毎日、莫大な情報量が降り注い

でいますので、ケネディ大統領の暗殺後いくつかの秘密も表に出てきました。米国では、トランプ大統領以外で言えば、ケネディ大統領以降、カバールに対して闘った大統領は1人もいません。ジョンソンからはじまりオバマまで、すべての大統領が彼らの操り人形でした。

美代子　そうなのですね。ちなみに、ホワイトハットは、活動の資金はどこから入手するのですか？

パラディン　立ち上げ当初は、どこからも資金を得られませんでした。ただ、レポートは断固として無料で公開することにしています。最初に多くの議論を重ねましたが、レポートは、すべての人に無料とし、誰もがアクセスできるようにしました。しかし、昨年からポッドキャストや、「ホワイトハット・メディアグループ」の活動を開始すると、そのための経費がかかるようになったのですが、皆さんが「パトレオン（クラウドファンディングのプラットフォーム）」で支援してくださったり、サイトでTシャツ、帽子やコーヒーカップなどを買ってくださったり、You Tube チャンネルで少しは収益化できたりしているので、毎月の収入は少ないのですが、かなりの経費をカバーでき

ています。またメンバーにも、あまり多くではありません
が、費やした時間に対して支援はできています。

美代子　それはよかったです！

パラディン　レポートを書き上げるために非常に多くの作
業があり、どれだけの時間がかかったかは想像もつかない
かもしれませんが、莫大な量の情報を収集して分類し、そ
こから、どれを公開するのかを決めないといけません。要
するに、入手している情報のうち10％くらいしか公開し
ていないのです。また、情報源を秘密にしておくのは、情
報提供者を守るためです。私たちも、自分たちの顔を出さ
ずに情報だけを出しています。

美代子　そうすると、吟味された情報のみ出ているのです
ね。

パラディン　はい。皆さんの方も、まずは一人ひとりが私
たちの情報をそのまま信じずに、ご自分でリサーチして結
論を出してください。私たちはパン粉を撒いているだけで
あり、皆さんがパン屋になるのです。こちらが提供するパ

ン粉でお菓子を焼いてください。と言うのも、あまりにもたくさんの答えを差し上げると、ラクをしてテストを受けるようなものです。つまり、誰かの答えを真似しただけで、何も学べないからです。情報は提供しますが、各々が自分でリサーチしてほしいのです。何百年も地球を支配してきた悪魔的なカバールと皆で闘うために。もちろん、一人ひとりの道のりも違うでしょう。だから、それぞれのペースでその方法を見出してください。人によっては背景、経験、教育、文化も違います。私たちはその道のりが近道になるように情報を差し上げるので、皆さんがご自身で基礎固めをして、成長していただければと思います。

美代子 はい、ありがとうございます。私も朝から晩まで、できる限りの時間を使いリサーチをして世界に向けて真実を伝えています。でも、あなたの場合は、以前はプライベートの調査官でいらっしゃったわけですよね。だから、その対価であるフィーはクライアントが支払ってくれたわけです。でも、2010年から今に至っては大変な時間を費やして、命がけで、かつ無償で人類の解放のために貢献してくださっていますね。心からその情熱とご尽力に感謝します。

パラディン　ありがとうございます。私もこれは義務だと感じていますし、闘いの最前線にいる者として、1776年（アメリカ独立宣言の年）に戻った感じです。内側にいる敵から国を解放し、世界に対して、模範を示さないといけないのです。他の国も解放できるようにと。ちなみに、我が国の歴史は短い方で、建国からたったの244年ですが、日本や中国は、何千年も歴史がありますね。私たちはまだ、町内に引っ越してきた新人のようなものです。今、世界は、私たちが地球を解放していくことを期待していると思うので、この責務を重く受け止めています。

　だからこそ、まずは、アメリカから地球を解放する方法を世界に示していきますので、その後は皆さんで続いていただくことを期待しています。今、皆で一丸となってやるべきです。私たちの地球ですからね。ケネディ大統領が演説で語ったように、「私たちは同じ空気を吸い、子どもたちは同じ世界で成長し、皆が心地良い経験ができるように平和を維持しないといけない」のです。

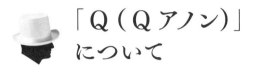

「Q（Qアノン）」
について

美代子 はい、全面的に同意します。次に、Q（Qアノン）について、お聞きしたいのですが、世の中に、Qが登場するかなり前から、あなたはこれらのレポートを投稿していましたよね。

パラディン はい。Qが初めて投稿をスタートしたのは2017年の10月末からだと思いますが、Qの活動を見て私たちのことを思い出したと言う人もいましたね。また、Qの情報配信方法は私たちとは違いますが、彼らの情報も私たち同様、内部（インサイダー）情報が基本になっています。ですから、私たちがQではないかと質問する人もいますが、それは違います。ただし、私たちなりに彼らのことはフォローしていますが、Qには米軍の諜報機関のメンバーがいることは明らかですね。彼らは非常に良い情報をたくさん提供していて、公開されていない情報も暴露しています。他にも、目の前で起きる出来事について、一般の人々も自分の目で確かめるように、という提案もしていま

すね。

美代子　ホワイトハットと同じスタンスですね。

パラディン　はい。もはや今の時点においては、私たちの方がカバール側より圧倒的に人数が多いのですが、彼らもそのことに気づいています。ですから、逆に彼らは影の側にいないといけないのです。ひっそり隠れていて、「我々が、現在も未来も自由にコントロールできるんだ」と思い込ませることは、実は策略なのです。彼らの事が明らかになると、人類がどれだけ奴隷のような状態にあったのか

Q（Qアノン）

Q（Qアノン）は、トランプ大統領とその支持者たちに敵対するとされるカバール（ディープステート、グローバリスト）など"闇の権力"が裏で画策する計画や陰謀についての情報を SNS などを通じて暴露、公開しているグループ。これに対して、Twitter や Facebook は措置を取り、YouTube も 2020 年 10 月には Q アノンに関連する動画やチャンネルを削除したと発表している。

も、皆が気づくでしょう。Qは、「我々が行く時は、一丸となって行こう（Where We Go One We Go All）」と言うスローガンを掲げていますが、まさにその通りですね。この言葉は、アメリカ人に向けてだけではなく、全世界に向けてのメッセージなのです。地球上の皆でひとつになって、行動を取っていかなければなりません。

　基本的に、国と国との紛争は、人と人との争いではありません。あのモハメド・アリ（アメリカの元プロボクサー）は、ベトナム戦争の際には徴兵を拒否してベトナムに行きませんでした。「なぜ、ベトナムに行き、ベトナム人を殺さないといけないのですか？　私には彼らを殺害する理由はありません」と彼は反論しましたね。意味のない戦争はもうやめるべきです。このような戦争は、カバールが海外で土地や資産を手に入れるためだけに起こしてきたものです。そこには、豊かな天然資源があるからです。こんなことは、もうやめないといけません。

　ちなみに、Qは3年間活動をしています。「ディコード（規則に従ったデータを元に戻す、復元する、の意）」という言葉がありますね。この言葉はあまり使いたくないので

すが、Ｑの投稿をリサーチすると、どうやらＱは未来を透視できるようですね。

美代子　そうですよね！「*プロジェクト・ルッキング・グラス」のことですね！

パラディン　はい、そうです。

美代子　私もこれについては関心があるので、このテーマについては別途どこかでお話しできればと思います。ちなみに、Ｑの組織は少人数によるオペレーションだと思うのですがいかがでしょうか。

パラディン　私もそう思います。Ｑの活動も私たちのやり方と似ていて、インテル情報を入手したら、その中でどの情報を開示するかを検討してから出していますね。あなたがおっしゃる通り、すごく少人数だと思われます。

＊プロジェクト・ルッキング・グラス

エイリアン・テクノロジーの１つで、過去や未来が透視できる装置。Ｑはカバールとの闘いにおいて、ルッキンググラスの技術を用いて未来を透視しているといわれている。ただし、見る人の思考や信念によって見えるものが違ってくるともいわれている。

美代子 やはり、そうですか。ありがとうございます。

JFKジュニアは 生きている!?

美代子 では、次にJFKジュニア（ジョン・フィッツジェラルド・ケネディ・ジュニア）について、お聞きしたいです。もしかして、これは秘密なのかもしれませんが、私は、彼は生きていると信じています。というのも、これに関しては、あまりにも多くの証拠があるからです。ロバート・スティール（元CIA捜査官）を含む多くの情報源からも、JFKジュニアの小型機にはカバール側であるクリントンによって爆発物が設置してあったといわれていますね。

　というのも、その当時ヒラリーは、JFKジュニアの上院議員選挙の対抗馬だったことから、そのことを知ったJFKジュニア側が、彼らの小型機にあった爆発物を別の爆発物にすり替えていたのではないか、といわれています。ロ

バートが言うには、その日は、JFK ジュニア夫妻は小型機には搭乗しておらず、プロのパイロットのみが小型機に乗って操縦し、パイロットはパラシュートで小型機から脱出した後、ある程度の高度に達してから飛行機が爆発し、墜落したのではないかということです。だから、その日は、彼らの愛犬であるフライデーも連れて行っていませんでした。他の多くの証拠からも、JFK ジュニアは自分の死を偽装したと思います。彼はQの内部にいるのではないかと思いますが、いかがでしょうか。

パラディン　JFK ジュニアに関して、すごい知識がおあり

JFK ジュニア（ジョン・フィッツジェラルド・ケネディ・ジュニア）

ケネディ元大統領の長男。1999 年に小型飛行機を操縦中に海上で遭難して事故死（享年 38）したが、Qの支持者たちの間では今でも生きていると信じられている他、Qのメンバーやそれに近い存在ではないか、とも噂されている。右側は共に事故死したキャロリン夫人。＜画像は YouTube Today チャンネルより＞

ですね！ あなたがおっしゃったことに対して、何1つ反論はありません。彼の当時置かれていた状況、その死に関する証拠を見れば、非常に多くの矛盾点や問題点があるので、彼が生きている可能性は十分にありますね。とはいえ、私が実際に彼を見たり、触ったりはしていないので確認できていないのですが、チームのメンバーたちによれば、彼が生きている可能性は高いです。

美代子 彼は10月17日のダラスでの選挙集会に姿を現すのでは、といわれていますね（対談時は10月上旬）。

パラディン その予定はなくなりました。実は私もそのイベントに行く予定だったんです。トランプ大統領が新型コロナウイルスに感染したからなのかどうかは、わかりませんが……。

美代子 そうですか！ 17日は予定がなくなったのですね。

パラディン はい、なくなりました。今、チームがその理由を探っています。

美代子　昨年から計画されていたという話なのに……。

パラディン　そうです。そして、17日の17ですが、Qはアルファベットの17番目の文字ですね。また、予定されていたアリーナの会場は、ケネディが暗殺されたビルから2ブロック離れているだけです。ですので、多くの要素が直線的につながっていたのです。占星術的にも星も一列に並んでいて、その日がぴったりだったようです。

美代子　もしかして、予定はなくなったとしても、17日に何かが起きるのかもしれませんね！

パラディン　そうですね。今、アメリカでは多くの人が目覚めはじめています。世界もこの流れに続いてくれるとうれしいのですが……。

美代子　そうだといいのですが……。ちなみに、日本についてはどうでしょうか？　まだまだ、多くの人が、マスクをしています（笑）。

パラディン　あぁ〜。マスクについてのことは、話すと長くなりますよ……（笑）。

美代子　もっと早く、人々が目覚めるのかと期待しているのですが……。

パラディン　彼らは、人々を恐怖で支配しますからね。今起きていることが、まさに、このことです。それは、「コロナに感染するかもしれない」という恐怖です。だから、恐怖におびえるのではなく、ウイルスと共存しながらも、なるべく早く通常の仕事や生活に戻るべきです。そうしないと、彼らは地球を破壊してしまいます。このことを、意識しないといけないですね。

美代子　その通りですね。

 # 緊急放送が近々起きる!?

パラディン　また近々、"ある事"が起きるかもしれませ

ん。これは、何年も前から出ている話なのですが、再度、この件が今、浮上してきています。これは、もしかしたら、全世界に向けて数日間に及ぶ「緊急放送」が配信されるかもしれない、ということです。誰がそれを行うのかまではわかりませんが、ある日、テレビやラジオの番組が突如、緊急放送に変わり、真実の開示が行われるというものです。これは、私たちがずっと長年待ち望んでいたことです。

　それこそ、「プロジェクト・ルッキング・グラス」を調べれば、このことがわかるのかもしれませんが……。実はカバールはルッキンググラスで、「2012年以降は、もうどうやってもタイムラインは変えられない」ということがわかったのです。このことを、ある人が「大いなる目覚め」と表現しました。つまり、何百年にも及ぶ嘘が、その緊急放送ですべて暴露されるのです。これについては違う情報源からも、何日間にも及ぶ真実のディスクロージャーが続くかもしれない、といわれました。これにネットが使用されるかどうかは不明ですが、テレビとラジオが用いられるとのことです。

美代子　まあ！　やっとですね!!

パラディン　はい、そうです。

美代子　でも、まだ多くの人は心の準備ができていないような気もします。特に、日本人の目覚めは遅いので、どうなることでしょうか……。

パラディン　これが起きる前に、まず、何か地球を揺るがすような大きな出来事がきっかけになって、それにより、皆が注目することになるともいわれています。その後で、「ディスクロージャーの緊急放送」が流れるのではないか、とのことです。

　基本的に、私たちが提供した証拠の数々については、トランプ大統領はすでにご存じです。たとえば、レポートにある「トロポス・キャピタル（NYの投資銀行）」から盗まれた7000億ドルのお金についてや、ジェームズ卿が貴族院で話された15兆ドルの不正についてのこと、また、「＊ファルコンの不正資金」に関してもです。これに関する調査では、罪人であるブッシュ一族、ジョー・バイデン

（民主党議員：当時）、クリントン一族、ミット・ロムニー（共和党議員・上院でのトランプ大統領弾劾裁判において、共和党から唯一造反し有罪票を投じた）のことが書かれています。トロポス・キャピタルの件については、全調査報告書・証拠を米司法長官のウィリアム・バーに提出しています。とにかく、その緊急放送では、私たちが暴露した以上のことが明らかになることを願います。

美代子 そういった情報をご存じになったからか、2017年の12月にトランプ大統領は「人権侵害した人の財産・資産をすべて凍結できる」という大統領令を出されましたね。

パラディン はい。そして、その翌年の大統領令では、彼は海外に派遣していた軍隊を軍事裁判を開くために撤収しましたね。

＊ファルコンの不正資金

アメリカの資産家でヘッジファンド運用会社「ハービンジャー・キャピタル・パートナーズ」の創業者であり、ヘッジファンドマネジャーであるフィリップ・ファルコン氏が顧客の資産を不正に流用した他、特定の投資家の優遇や、債券価格の市場操作を行ったことで米証券取引委員会（SEC）に2012年に提訴された件。

美代子　軍事裁判と言えば、最近ではカバール側の大量逮捕や処刑の情報もたくさん流れていますが、たとえば、ヒラリー・クリントンは、すでに逮捕されてグリーンランドにいるという噂もあったり、パパ・ブッシュも、処刑の前にすべてを自白したともいわれていますが……。

パラディン　パパ・ブッシュの情報は正しいです。ジョン・マケイン（元上院議員・2018年に死去）もそうです。

美代子　彼らの処刑前の自白を録画したと聞いています。

パラディン　ジョン・マケインも同じように自白していますね。

美代子　そのビデオもいずれ公開されるでしょうね。

パラディン　はい。また、アンソニー・ウィーナー（セックススキャンダルで失脚した元下院議員）のラップトップのPCもあります。すべてのファイルがリリースされれば、もう否定できないほどの証拠があるので誰も反論できないでしょう。ただし、ヒラリーが逮捕されたという話は

聞いていないのでわかりません。多くの人が逮捕されたとか、グアンタナモ刑務所に連れて行かれたとか、処刑された、などの噂も流れていますが、それらに関して、私たちのネットワークから確証を持てるだけの証拠は出てきていませんので、コメントはできません。

　これについて、米国の裁判制度で10万件以上の非公開の起訴状があるのは知っています。世界を支配してきた悪人どもがその中に入っていることを願います。万が一、近い将来に大量の逮捕がなければ、トランプ大統領の再選後にそれは起きるでしょう。そして、同時に情報も開示されるはずです。米国では、ここ数カ月で信じられないほど多くの証拠が出てきています。ですから、選挙の前なのか、後なのかはわかりませんが、逮捕は確実に起きます。

美代子　先ほど緊急放送の話をされましたが、それは近々起きるかもしれないのですね？

パラディン　その可能性はあります。選挙前にそれが起きると聞いていますから。選挙が近づいてきたので、もし、計画通りであれば、3週間以内にその放送が流れるはずで

す。

美代子 でも、もしも、すぐにそれが起きなくても、いつかは必ず起きるわけですね？

パラディン はい。その際には、「緊急放送システム」というものが使われると聞いています。それは、自国が他国から攻撃を受けた場合などに、人々に警告を提供するためのシステムです。このシステムは、今までほとんど使われていませんが、テストはいつもしています。これまで、「テスト」と称して、5秒くらいの警報音やサイレンのような信号が機能するかは試されてきました。私が入手している情報は、「テレビやラジオで、ずっと緊急放送を流し続ける」ということです。ネットについてはわかりません。「10日間の暗闇」が続くともいわれています。3日間と言う人もいますね。期間中は、ネットがダウンするともいわれています。

　さらには、将来的に「量子金融システム」に移行するときには、ネットは一時的にダウンするはずですが、移行後には、金融の在り方もガラリと変わるといわれています。

ただし、これについて語れるほど情報を持っていません。

美代子　緊急放送にはテレビとラジオを使うのは想像できますし、日本でもテストをしていたようですが、ネットがすべてダウンするのは想像できません。病院など重要な場所でも使われているからです。完全にダウンしてしまうと、果たしてどうなるのでしょうか？

パラディン　そうですね。多分、ネットはダウンしないでしょうけど、テレビとラジオで緊急放送が流れたら、ネットにもその情報があふれるでしょう。

今後行われる
金融リセットについて

美代子　量子金融システムについて言及されましたが、パラディンさんは金融の専門家でいらっしゃるので、話せる範囲でこれについてお話をしていただけますか？

パラディン　まず、新しいシステムは、資産が裏付けされるものになります。その国の金、銀、いろいろな天然資源、また、GDP（国内総生産）、労働生産性も計算されます。それらの資産に基づいて、その国にどれだけの通貨が流通されるかが決まります。新しい金融システムにおいて、通貨が資産の裏付けになることは、実は今の考え方とは真逆なのです。今の通貨は、何も裏付けていませんから。もし、資産を裏付けにすると、まったく違うシステムとなり、システムそのもののインフラが変わります。今後はもっと安全なものになり、カバールが裏でデータを操作したり、お金を盗んだりできなくなるのです。また、そんなことを防ぐためにもいろいろな抑制と均衡が入ります。

　いつか、古い通貨と新しい通貨を交換する日が来ます。あなた方の場合は、円が銀行口座にあるでしょうけど、それらが古い円となる日が来るのです。「帳簿外」、いわゆる「二重帳簿」の仕組みはご存じですか？　1冊は公開される帳簿で、もう1冊は裏の帳簿です。カバールは担保勘定に資金を入れていますが、簿外のお金は新しいシステムには入れられません。だから、システムが変わる瞬間に、彼らはすべての資産を失うのです。

美代子　私も量子金融システムがスタートすると、カバールが資産を失うと聞いています。ちなみに、そのための量子コンピュータは、サテライト上に置かれるのですよね？以前、12のサテライトの話をされましたが、「宇宙軍（スペースフォース。2019年にトランプが6番目の軍として発足）」がサテライトを守っているのですか？

パラディン　トランプは大統領になってから、選挙集会の演説やスピーチで、常に宇宙軍の話をしていますね。これに関しては、あまり詳細を話さない方がいいでしょう。基本的に、宇宙軍はコミュニケーション関連の安全を守っています。また、量子コンピュータ自体は小さいものですが、巨大なコンテイナー（容器）に入っていて、高速で動くので相当高温になるのです。だから、絶えず冷やさないといけません。宇宙は気温が低いですよね。宇宙の方が冷やすのは簡単なのです

美代子　なるほど！　そんな理由だったのですね。これに関して、地球外生命体は協力していると思いますか？

パラディン　はい、そう思います。でも、どのような方法で協力しているのかわかりません。でも、それはまったく別のテーマですね。

美代子　ケリー・キャシディ（「プロジェクト・キャメロット」創設者・ドキュメンタリーフィルム制作者）がそのあたりは詳しいでしょうね！

パラディン　ケリーがそのエリアのエキスパートですね（笑）。

美代子　選挙における「量子投票システム」はどうでしょうか？　実際に使われますか？

パラディン　私は、すでに早期投票で投票を行いましたが、もしも、量子投票システムを使うのであれば、今回の大統領選挙から使われないとおかしいです。いわゆる、暗号資産（仮想通貨）のシステムにある*ブロックチェーン

---

*ブロックチェーン

暗号通貨（仮想通貨）で使われているシステム、ブロックチェーンとは、中央集権的な管理者が不在で、ユーザーたちが管理や監視を行う分散型台帳技術の一種。いわば、データ上に変更や削除、改ざんが不可能で正しい取引のみが記録されるネットワーク共有型のデータベースのこと。

のような考え方ですね。

美代子　わかりました。そうすると、先ほど資産の裏付けの話をされましたが、裏付けになるものは金（きん）だけではないのでしょうか？

パラディン　国によっては金がない国もあり、その場合、資産を金に交換できます。金の価値をつけることができるのです。わかりますか？

美代子　はい。

パラディン　要するに、資産に応じて、それぞれのシステムに入れる通貨が決まるのです。

美代子　はい、わかります。

パラディン　それぞれの比率によるのです。たとえば、中東なら石油しかない国があるとしたならば、油田とか石油精製品がその国の資産になり、それぞれの通貨の裏付けとなります。

美代子　そうすると、カバールが狙っていたような世界統一通貨ではなく、国ごとの通貨なのですね。それぞれの国の通貨の価値は、その国の保有する資産で決まるということですね？

パラディン　その通りです。多くの人が外為市場に投資しますが、その際の通貨は基本的にペアで扱われますよね。たとえば、アメリカドルと日本円、アメリカドルとユーロ、アメリカドルと英国のポンドなど、外為市場には多くの通貨のペアがあります。この外為市場に関しては、将来はどうなるのか、この時点ではわかりません。これはあくまでも個人的な意見ですが、為替相場は株式市場と同じで、カジノと同じなのです。彼らはこれらの市場を操作して、我々のお金を盗んできました。信じられない話ですよ。本当にカジノと同じなのです！

美代子　そうなのですね！

パラディン　はい。だからこそ外為市場において、銀行があるポジション（通貨の取引のこと）を取るとき、彼らは

自分たちの預金に何種類もの通貨を持っています。彼らは預金に、5つも6つもの異なる国の通貨を持てるのです。つまり、どんなレートにするかなどは彼らが操作できるのです。もちろん、交換レートは自分たちに有利なものにします。彼らは、これををずっと行ってきました。個人的な希望としては、外為市場は閉鎖してほしいですね。要するに、"カジノの閉鎖"です。

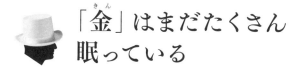

「金（きん）」はまだたくさん眠っている

美代子　なるほど。そうすると、この金融のリセットにおいては、私たちは何もしなくて良いのですか？　今持っている法定通貨を新しい通貨に交換できるのですね？

パラディン　そうです。今後は入念な検査が行われるので、もしも、銀行が簿外を持っていて、それを新しいシステムに入れようとしたら、そのお金がどこから来たのか証明しないといけません。でも、彼らはそれができません。

税金を払ったかどうか、また、その資金は子どもの人身売買、麻薬、兵器のためのものなのかなど、彼らは一切証明はできませんよね。だから、新しいシステムから締め出されるでしょう。

美代子　そうすると、一般の人々はどうでしょうか？　普通は皆さん、そういうことはしていませんが……。

パラディン　もちろん、私たちの場合は心配はいらないです。あなたと私の銀行口座にあるお金は正当なもので、証明できるものですから。彼らが切り替えるときには、口座に100ドルあれば、新通貨でも100ドルに自動的に切り替わるのです。でも、麻薬ディーラーとか簿外の口座の人は、新システムには入れません。どこでそのお金を稼いだのか、資金がどこから来たのか、などの収入履歴や税金を払ったのか、などの証明をしないといけないので。彼らは、それができないのです。

美代子　確かにそうですね。また、パラディンさんは、リセットの際にはトランプ大統領はこのことをあえてアナウンスしないかもしれない、と以前話されていましたが、そ

のあたりについてはどうなのでしょうか？

パラディン　私たちのチームは、これに関して意見が分かれています。アナウンスすると言う人と、しないと言う人がいます。アナウンスなしでただ切り替わる、と言う人もいます。ただし、皆さんが持っているお金の価値に関しては、何も心配はいりません。新通貨に切り替えていくのには、少し時間がかかるでしょう。6カ月と言う人もいれば、1〜2年と言う人もいます。調整ができれば一晩でできるのかもしれませんが、そこもわかりません。私たちができることはあまり多くないのです。内部のスクープ情報を得ると、自分のために有利にそれを使おうとする人もいるかもしれませんけれどね。私は投資のアドバイスはしない主義なので、何も申し上げることはないのですが、ただ言えることは、ヒントになると良いのですが、金や銀というのは、その価格が長い間ずっと抑えられてきたのです。もしも、通貨を金とか銀で裏付けるのであれば、どうなるのか？　それでおわかりになりますね。

美代子　はい、わかります。ありがとうございます。となると、通貨の裏付けになる金に興味がでてきますね……。

パラディン　金の話ですね〜。これには、笑い話があります。「金が欲しければ、フォート・ノックス（米国ケンタッキー州にある陸軍敷地内にあるFRBの金塊貯蔵庫）に行くな」ということです。本来なら、そこに保管されていないといけないのですけどね。世界的に見ると、あなたのいる地域にもたくさんの金があったのですよ。他にもフィリピンにも金はありましたね。「山下ゴールド（終戦時に、山下奉文大将率いる日本軍によって、フィリピンに埋められたといわれている埋蔵金）」の話は聞いたことあると思いますが、実際に報告されている以上の金が世界には結構あるのです。国がそれぞれの通貨を金で裏付けた場合に、人々は世界に実際にある金の量に驚くでしょう。

美代子　ということは、これから金本位になるのに、金が足りないと心配する人がいますが、その必要はないのですね？　十分にあるのですね？

パラディン　はい、まったく心配いりません。ただし、金には認定証が必要です。たとえば、クリントンが中国に払った金は、中国側が調べたら中身はタングステンだった

ことがあります。だから、その金が本物だと認定するために、あるプロセスを通らないといけません。金というのは、通貨の裏付け以外にも使い道がありますし、銀も同じです。コンピュータの部品にも銀を使いますよね。ですので、それらはリセットの後に、金融システムにどれだけ入れるか、など決めないといけません。金と銀の保有量が通貨の量を決めるはずです。

リリースされる新たな治療法やフリーエネルギーについて

美代子 ありがとうございます。また、これから出てくる新しいテクノロジーなども大変楽しみです。「*メッドベッド（Med Bed：医療ベッド）テクノロジー」などの新しい治療法も期待できそうですか？

＊メッドベッド

量子レベルによるヒーリングが可能な医療ベッドで、そのカプセルの中に入れば、DNAレベルからの修復が行われることで、あらゆる病気の治療や臓器の再生、若返りができるといわれている。

パラディン　はい、このリセットに含まれています。私た
ちの税金がこれらのテクノロジーの開発に使われてきたに
も関わらず、残念なことに、私たちにはまったくシェアさ
れませんでした。逆に、私たちを監視するため、彼らの戦
争にこれらは使われてきました。そのテクノロジーが公開
されたら、これまでとはまったく違う、素晴らしい世界が
訪れるでしょう。

美代子　本当にそうですよね！「*テスラタワー」が、フ
リーエネルギーのために使われるとお聞きしました。

パラディン　これまで、ニコラ・テスラから多くのテクノ
ロジーが盗まれてきました。すでに100年も前のことです
が、それらが今後リリースされるでしょう。また、私たち

＊テスラタワー

電気技師、発明家のニコラ・テスラ（1856-
1943）が発明していた世界無線システムの
タワー。電磁波を用いて無線で送電を行
う装置で、送電装置のタワーを設置する
と、ケーブルを使わずに地球上のあらゆ
る場所に電力を送り届けられるというも
の。画像の右上にあるのが当初のテスラ
タワーのイメージ。

の人生は食べるため、家を買うため、家賃を払うため、車を買うためにお金に縛られてきました。また、家を暖めるためにはガスや電気も必要でしたが、今後は、これらのエネルギーも無料になります。でも、電力やガス会社はそれを望みません。彼らは私たちにお金を請求したいのです。でも、フリーエネルギーのテクノロジーはすでに存在していて、もうすぐ手に入ります。私も楽しみにしています。近いうちにフリーエネルギーが開放されることを期待します。もちろん、ヒーリングテクノロジーも。あまりにも多くのテクノロジーが出てくると、皆さんは驚くことでしょうね。

美代子　そうなると、まったく新しい地球になりますね！そのために、インフラも整備しないといけないでしょうけれど。

パラディン　はい、そうです。

美代子　これから皆、忙しくなりますね。だから、「WWG1WGA（Where We Go One We Go All)」、つまり、「行くときは、一丸となって行こう」なのですね。皆がこ

れに参加しないといけませんね。

パラディン　そうです。みんなの力が必要です。

美代子　とてもワクワクする未来への道のりです。

パラディン　その通りです。でも、今はまだ闘いの最中だということは忘れないでください。まだ、勝利はしていません。皆が気をつけながら、希望を持ち、目をしっかり見開いていかなければ。私たちは今、人類のために本当に闘っていますからね。

美代子　パラディンさん、今日は長時間ありがとうございました。大変貴重な情報でした！

パラディン　ありがとうございました！

美代子　ありがとうございました！

~対談を終えて~

美代子の部屋 ①

🌹 パラディンさんとの出会い

「ホワイトハット」の中心メンバーの1人として謎に包まれているパラディンさんですが、ここでは、ご本人の経歴を簡単にご紹介しておきましょう。

彼は、ホワイトハットの活動をされる前は30年以上私立探偵をされてきた方ですが、それまでのキャリアとしては、南カリフォルニアで政府機関の仕事や法律事務所のサポート、公認会計士としての仕事の他、ボディーガードもされていたことがあるという強者（つわもの）です。

　私が最初にパラディンさんのことを知ったのは、2年以上前のことです。

　最初の出会いは、YouTubeに私の好きな「プロジェクト・キャメロット」というチャンネルがあるのですが、そこでプロジェクト・キャメロットの創設者でもあるケリー・キャシディがパラディンさんにインタビューしているのを見た時に、「いつか私もお話を直接お聞きしてみたい！」と彼にメールをしてみたのが発端です。

　すると、快く応じてくださり、そこからパラディンさんとのやりとりがはじまりました。

　その後、毎日のようにメッセージのやりとりをするようになり、今では日本の関係者とのやりとりにおいて、彼が言語で困った件（日本語と英語の壁）があると、私に連絡がくるようになりました（笑）。それほど、今では親しくさせていただいています。

🌹 人々が気づくまで、リーダーたちの悪事を公開し続ける

　さて、対談中でもホワイトハットという組織について

はご紹介していますが、ホワイトハットは複数の国に銀行家、弁護士、政治家やトップレベルの諜報員を抱えている他に、ハイテクノロジーを駆使しながら銀行間のお金の動きや、カバールのどんな動きも追跡できるほどの能力を持った頼もしい組織です。

すでにご存じのように、ホワイトハットは米国と世界の汚職に関し、世界中の人が"そのことに気づくまで"証拠の公開を続けています。

歴代の元大統領、閣僚、議員たちの腐敗と汚職や恐喝は、社会と文化の最深部まで食い込んでおり、彼らの詐欺の金額も何百兆ドルにまで及ぶと推定されています。

もちろん、これらは大手メディアでは、まったく報道されていません。

ここ最近では、アメリカの大統領選挙のニュースが世界の注目を集めていますが、すでに予想された通り、民主党による大胆な不正選挙が行われました。

でも、この本が出版される頃には、その悪質なスキャンダルは暴露され、トランプ大統領が法廷闘争に勝って再選されているのではないでしょうか。この件に関しては、民主党だけでなく、大手メディアの責任も問われる

はずです。

　民主党の大統領候補、ジョー・バイデンに関しては、ホワイトハットのレポートでも彼が関わった悪事は告発されてきました。かつて彼は、ジョージ・ブッシュ・シニアの指示の下、ヒラリー・クリントンから2億ドルの賄賂を受け取ったことがレポートで暴露されています。

　また、最近では、ジョーの次男であるハンター・バイデンのパソコンのデータから、ジョー・バイデンが関わった賄賂の証拠なども明らかになっているようです。

　これらに関しては、今後、トランプが大統領に再選された暁には、さまざまな罪で起訴されるのではないでしょうか?

　その他、ホワイトハットのレポートには、バラク・オバマ(前大統領)、ジョージ・ブッシュ・シニア(元大統領)、ジョージ・ブッシュ・ジュニア (元大統領)、バーバラ・ブッシュ (元ファーストレディー)、ビル・クリントン (元大統領)、ヒラリー・クリントン (元国務長官)、アラン・グリーンスパン(元連邦準備制度理事会議長)、ヘンリー・キッシンジャー (元国務長官)、ジョージ・ソロス (投

資家)、ディック・チェイニー（元副大統領）など、そうそうたるワシントンD.C.のリーダーたちが関与した詐欺の証拠があるようです。

　これらについては、ホワイトハットが詐欺に絡んだ世界中の銀行口座の資金の差し押さえをする準備があるともレポートにはありますね。

　このように、ホワイトハットがカバールの政治の腐敗や汚職、金融詐欺を徹底的に追跡調査し、その証拠までを押さえたものをレポートで公開しはじめて、すでに10年以上の時間が経過しています。

　今では、パラディンさんたちの目に見えない尽力によって、悪事を働いた権力者や著名人も逮捕されるようになりました。2016年のジョージ・ブッシュ・シニアの死（逮捕）などは、その代表例として挙げられるでしょう。

　このように、現実の世界できちんと悪が成敗されるようになった、という意味において、ホワイトハットの人類への貢献は大きいのです。

🌹 闇と闘っていた
ジョン・F・ケネディへの誓い

ホワイトハットのウェブサイトには、「ジョン・F・ケネディ大統領、お誕生日おめでとう」という動画が紹介されています。

その中で、「私たちホワイトハットは、この動画を第35代アメリカ合衆国大統領ジョン・F・ケネディに捧げます。彼は、ディープステートとして知られている影の政府と闘い、それを暴露することに命を捧げました。その松明を私たちが受け継ぎました。この共和国を取り戻そうとする歴史的偉業を、私たちが受け継ぐ責任があります。私たちは彼に借りがあります。ホワイトハットは、（彼が暗殺されたことを）忘れないし、決して許すこともありません。ケネディ大統領、お誕生日おめでとうございます（1917年5月29日生まれ、1963年11月22日暗殺される）」という文章が掲載されています。

そして、そのページには彼が遺した言葉が記されています。

「イスラエルの核プログラムを阻止し、連邦準備制度を廃止し、すべてのシオニスト・オカルト・秘密結社をこの美しい国から永遠に追い出すべきであったということを。私があの世に行ってからも、私のことを思い出して。遅すぎることはない、このことを覚えていてほしい！」

JFケネディ

ケネディが遺した言葉
< White Hats Media Group より>

　ケネディ大統領は、何百年も人類をずっと支配してきた闇の組織に対して1人で勇敢に闘いを挑んでいたのです。けれども、1963年11月22日、テキサス中を遊説中のダラス市内のオープンカーでパレード中に銃撃されて、死亡してしまいます。46歳という若き大統領の死を世界中の人々が悲しむこととなりました。

　ご存じのように、リー・ハーベイ・オズワルドという人物の犯行とされましたが、果たしてそうでしょうか？私は違うと思います。あれは、明らかに闇の仕業です。

　あの件も、「カバールに逆らうと、たとえ大統領でも人々の目の前で白昼堂々と消せるのだ」、ということを目覚めた人々に示したのだと思います。ちなみに、弟の上院議員で司法長官のロバート・ケネディ（通称ボビー）も1966年6月6日に、暗殺されています。ケネディ家のことは、本書にも度々出てきますが、ケネディ元大統領の想いを受け継いでいるホワイトハットの活動には感謝しかありません。

　今では、パラディンさんとは毎日のようにオンラインでお電話する仲になったのですが、「僕たちの仲間はみんな美代子のことを知っているよ。あなたはとても高潔で正義感が強く、素晴らしい活動をされていますね」と言われたときは、とてもうれしかったです。

　パラディンさんからの「美代子は、日本のホワイトハットだよ！」という言葉を胸に、これからも私なりに皆さんに真実を伝えていきたいと思います。

PART
II

ジーン・コーセンセイ
Gene Cosensei

世界の地下基地の
スペシャリストが
人類を救うために
情報を発信!

 ## 活動の目的は、 「子どもたちを助けたい！」 から

美代子 今日は、素晴らしいゲストをお招きいたしました。ジーン・コーセンセイ（Gene Cosensei）さんです。

ジーン 今日は、お招きいただきありがとうございます。

美代子 ネット上にある動画サイトで真実を追求されている方は多いのですが、その中でも、ジーンさんはその情報の確かさだけでなく、お人柄も含めて大変人気のある方です。そんなジーンさんは、今回、私からのインタビュー依頼にも快く応じていただきましたが、いつも無料でご活動されています。その動機は何ですか？「世界の真実を人々に伝えたい」とか、「神様から与えられた使命である」など、理由はいろいろあると思われるのですが、いかがでしょうか。

ジーン 一言で言えば、「子どもたちを助けたいから」で

す。私は＊行方不明になっている子どもたちを救出し、こ
の世界に「神の王国」を取り戻したいからです。子どもた
ちに対して、秘密の地下基地で行われている怖ろしいこと
をやめさせないといけません。こんなことは、起きてはい
けないことなのです。今、すべての人が目覚める必要があ
ります。特に、大人である私たちは、子どもの育て方に
もっと責任を持ち、助け合いながら地球上のすべての生命
体を尊重すべきです。お金儲けのために生きるのではな
く、神の王国で"良き羊飼い（キリスト的な生き方ができ
る人）"になるべきです。私は苦しんでいる子どもたちの
ためにも、立ち上がりたいのです。

美代子　素晴らしいお考えですね。私がこの活動を行うの
も、「子どもたちを助けたいから」というのが理由の１つ
です。世界中の子どもたちが誘拐されて、拷問や虐待を受

＊**行方不明になる子どもたち**

欧米では、行方不明になる子ど
もたちの写真などが市販の牛乳
パックなどに「Missing（探して
います）」などとプリントされて、
一般の人々に向けて情報提供を
求めているケースも多い。＜画
像はジーン氏提供＞

け、あろうことか、生贄にまでなっているという事実を
知った時には、いてもたってもいられなくなりましたから。それでは、まずは、ジーンさんご自身の自己紹介からお願いできますか？

ジーン　はい。実は、私は1974年から76年までの2年間、日本に滞在していたんですよ。キャリアとしては元軍人で、アメリカ海軍に21年間ほど所属していました。日本にいたのは、まだ19歳の頃でしたが、横須賀の基地にいました。昨年、妻と共に日本を訪れて全国を回ったんですよ。あいにく富士山は閉鎖中でしたが、頂上まで妻と登ってきました。せっかくはるばる日本にまでやってきたのだからと、何がなんでも富士山には登りたくてね。だから、禁止されていたのにこっそりと登ってきました（笑）。

美代子　そうなんですね！　私自身は富士山の頂までは行ったことがないので、ジーンさんの方が日本のことには詳しいかもしれません。ちなみに、小さい頃はどんなことに興味がおありだったのですか？

ジーン　私は、小さな頃から読書が大好きな少年でした。

典型的なアメリカ人は、テレビでフットボールの試合を見るのが大好きだったりしますが、私はそういうタイプではなかったのです。いろいろな知識を吸収したい、という思いがあって、テレビなら教育番組を見たり、本を読んだりするような子でしたね。

 ## 武道で肉体と精神を鍛えた日々

美代子　博学さはそんな環境からだったんですね。それにジーンさんは、とてもスピリチュアルな方ですよね。

ジーン　はい。肉体だけでなく精神を鍛えるための武道を44年間続けていますし、他には、東洋の鍼灸や漢方も学びました。

美代子　44年間も！　どんな武道をされているのですか？

ジーン　私が行う武道は、どちらかといえば戦闘的なスタイルですが、最初の師匠は、ベトナム戦争時の特殊部隊にいた退役軍人でした。2番目は戦闘護身術の師匠で、3番目は、カンフー（少林寺拳法）の達人ですね。それぞれ世界でも有数の先生たちから学んできました。

美代子　奥様は幸運ですね！　たとえ何が起きても、強くてたくましいジーンさんに武道で守ってもらえるのですから。

ジーン　ええ。でも、家内は実は私の武道の生徒だったんですよ。

美代子　あら、そうなんですね！

ジーン　はい。彼女も武道においては攻撃的な闘い方をする人です。

美代子　ちなみに、そんなパワフルな奥様もジーンさんの活動をサポートされているんですよね。

ジーン　はい、もちろんです。

美代子　それは、素晴らしいですね！　私はこれまで真実を追求している方々のたくさんの動画を見てきましたが、ジーンさんの提供する情報が一番好きなんです。内容が濃くて幅広いだけでなく、とても興味深いテーマが多いからです。

ジーン　光栄です（笑）。ドウモアリガトウネ（日本語で）。

美代子　どういたしまして（笑）。ところで、あなたの本当のお名前は「ジーン・コーセンセイ（Gene Co-sensei）」ではありませんよね？

ジーン　もちろんです（笑）。これは、私のハンドルネームみたいなものです。ちなみに、「コーセンセイ」のセンセイは、「先生」の意味です。

美代子　ですよね。私もそうだと思っていました！

ジーン　ご存じのように、「コー（Co）」というのは、英語では「共に」という意味なので、皆さんに向けて「先生と一緒に学びましょう」という意味を込めています。

美代子　確かに、あなたは私の先生です（笑）。「ジーン」という部分も、本名ではないですよね？

ジーン　はい、そうです。「ジーン」は、軍事用語で「レーダーより低く」という意味があるので、そこから取っています。

美代子　なるほど。「相手側のレーダーに引っかからないように」という意味を込めてですね。

 # 3回ほど 暗殺されかけた過去

美代子　ところでジーンさんは、これまでの活動の中で、危険に直面されたことはありますか？

ジーン　はい。今まで、3回ほど殺されかけたことがあります。90年代で、まだインターネットが普及するかなり前のことですが、エイズのカンファレンスの会場で講演をしていた時にそれを体験しました。

美代子　えっ！　そうなんですか。でも、それはまたずいぶん前のことですね！

ジーン　はい。その当時、私はハワイに駐在していたのですが、エイズ関連のカンファレンスで登壇して、「エイズの真実」について講演をしていました。その真実とは、「エイズは、アメリカ政府がメリーランド州のフォート・デトリック（陸軍の医学研究施設で生物兵器に関する研究所）で作ったものだ」という内容ですね。そして、講演後の帰り道でそれは起きたのです。会場があったダウンタウンのホノルルから自宅まで車を運転していた際に、私を尾行している車に気づいてはいたのです。するとその翌日、高速を運転していた際に車のブレーキが突然、利かなくなったのです。

美代子　まあ！　でも、きちんとご無事だったんですよね？

ジーン　はい。私は運転が上手いので、なんとか事故にならず大丈夫でしたよ。

美代子　それにしても、怖いですね……。

ジーン　その次の暗殺未遂は、やはり90年代の後半でしたが、アリゾナで講演をした際に、私の車のタイヤのパーツがゆるめられていて、全部のタイヤが走行中に抜けかけたのです。

美代子　なんということ！

ジーン　私はメカに詳しくて、当時乗っていた車も自分で組み立てたものでした。だから、すべてのタイヤが一度にグラグラするなんていうことは事故ではなく、誰かの仕業だとわかるのです。運転中に車の振動音の違いで異常を感じたので、すぐに車道に車を止めて自分で不具合を直しました。この時も危なかったですね。

美代子　すごい！　でも、車のメカに詳しくないと、どうなっていたかわかりませんね。

ジーン　ええ。でも、今ではネットが普及したおかげで、もはや、人々の前で自分の顔を出さなくても良くなったので、以前に比べて安全になりましたね。最近では、もうそんな危険な目に遭遇することはなくなりました。

美代子　よかったです。神様がきっとジーンさんを守っているのだと思います。

ジーン　ありがとうございます。確かにそうですね。

美代子　もし今後、トランプ大統領が再選されると、ジーンさんが行ってきた人類への功績に対して、たくさんのトロフィーが贈られるのではないでしょうか。

ジーン　私はそんなことはどうでもいいのですよ。自分ができることをやりたいだけですから。

 # 目覚めたのは
30年前の1990年

美代子　でも、これまでの長い活動の中でも、今のこの時期こそ、とてもワクワクするエキサイティングな時期を迎えているのではないですか？

ジーン　その通りですね。ちなみに、最初に私が真実に気づいたのは1990年のことです。その時のことを「"赤い錠剤"を飲んだ」と表現しています。

美代子　「赤い錠剤を飲む＝目覚めた」という意味ですね。そのきっかけになったのは？

ジーン　当時、海軍にいた私は職務上、「ハイ・クリアランス（アメリカ合衆国情報安全保障監督局における機密情報にアクセスできる権限）」を持つ立場にいました。そのために、一般に知らされている情報がまったく真実とは違うことに気づいたのです。今まで教えられてきたことがほ

とんど嘘だったことに大きなショックを受けた私は、そこから懸命に真実を追求する調査をはじめたのです。1990年の8月のその日から今日まで、ずっと、1週間に最低30時間は調査に時間を費やしてきました。

美代子　その8月というのが、確か8月22日のことだったんですよね？

ジーン　そうです。

美代子　その日に、何か起きたのですか？

ジーン　ホノルルにいた頃の出来事なのですが、その日、突然、強烈な光が頭上に降りてきたような感覚を覚えたのです。言ってみれば、それは"覚醒した瞬間"とでも言えばいいでしょうか。とにかく私にとっては、「何だこれは！　何が起きたんだ！」という感じの衝撃的な体験でした。これについては、話せば長くなりますけれどもね。それがきっかけです。そこから今の活動がはじまりました。そして、活動を通してわかったことですが、このような秘密のオペレーション（諜報活動）を行う上で一番の鍵にな

るのは、必ず「お金の動きを追っていく」ということです
ね。

美代子　そうですね。そこが重要なポイントですね。

 # エイズは1970年から開発されていた

ジーン　私の場合は、まずは、議会で成立する予算を調べ
るところからはじまりました。すると、1970年の予算の
条項5の部分を見ると、ウイルスの開発に1.5億ドル（約
156億円）ものお金が使われていたことがわかったのです。
それも、そのウイルスは人間の免疫システムを攻撃するも
のだったのです。MI6（英国秘密情報部）とCIAの協力の
もと、フォート・デトリックにおいてその研究が行われて
いたのです。要するに、それがまさにエイズのことなので
すよ！

美代子　そうなんですね。当時はまだ、そんなことには誰

も気づかず、皆がただエイズを怖がっているだけでしたよ
ね。それにしても、このような活動をはじめて、すでに
30年という月日が経っていますが、疲れたりすることは
ないですか？　私も連日、真実についてのリサーチに没頭
していますが、最近、ちょっと疲れ気味です（笑）。

ジーン　（笑）。私にもこの活動をするにあたって、とても
困難な時期もありましたよ。特に、海軍時代はずっと潜水
艦に乗っていたために、フィアンセがいましたが、結婚せ
ずに独身を通していた時代がありました。やはり一度海に
出てしまうと、1〜2年以上は陸に戻って来ることができ
ませんから。そんな状況なので、海軍の人は離婚すること
も多いんですよ。だから、そんな失敗をしたくなかった私
は、退役するまであえて結婚はしなかったのです。結果的
に、私はフィアンセを7年半も待たせてしまったのです。

美代子　そうなんですね。彼女も待ちくたびれたでしょう
ね。

ジーン　ええ。ところが、退役する時期が来て、「さあ、
結婚しよう！」というちょうどそのタイミングで私は真実

に目覚めたのです。そのせいで、これまでの考え方や、世界に対するものの見方などが180度変わってしまってね。そうしたらフィアンセは、すっかり変貌した私を見て、「もう、あなたとは一緒にいられない！」と言って別れを切り出してきたのです。

美代子　あらあら……。

真実を知ると
狂人扱いされてしまう

ジーン　そこで、結局私たちは別れることになり、1994年の退役後から3年間は、ほとんど誰にも会わずに1人でひっそりと暮らしていました。会う人といえば、武道の先生だけでしたね。私は変わった話をするからと、誰もが私に近寄ってきませんでしたから（笑）。

美代子　当時はそうだったでしょうね。真実を追求しようとすると、変人扱いされてしまいますから。

ジーン　はい。皆から「頭がおかしい！」と言われていました（笑）。「ニューワールドオーダーって何？」とか、「すべて作り話でしょう？」とか「そんなものは存在しない」とかね。「地球上のすべての銀行を所有するファミリーなんているわけない！」などと言われて狂人扱いです。でもそのうち、まずは身近にいる6人を完全に目覚めさせることに成功したのです。

　その1人が今の奥さんですね。最初の頃は、私が調べた情報を300人に伝えると、1人だけがそのことを認識している、というような時期でしたから。でも今では、それが10人に1人という数字になってきたので楽しいですよ。何か話をしても、「それはどこかで聞いたことがある」と話を肯定してくれる方が多くなりました。だから今は、やりがいがありますね。

美代子　でも、それを日本人にあてはめると、まだ目覚めている人は100人に1人くらいではないでしょうか。真実の情報を知るために、言語の壁があるというのも大きいでしょうね。それに、一般的には、まだこのような話に興味

がある人は少ないのです。いつの間にか私も、このような
ことに関心がない人とは、あまり話をしたくなくなってし
まいましたね。

ジーン　そうなのですね。私の場合は、何十年もこのこと
ばかり探求してきたので、もう、目覚めていない人とは、
共通の話題がなくなりました（笑）。たとえば、私の妹は
まだ、"青い錠剤（赤い錠剤の反対の意）"の人なので、
天気の話さえもできないのですよ。だから、電話で「元
気？　そっちの天気はどう？」と聞かれて、私が「アライ
アンスがやっと気象を支配するようになったよ」などと返
しても、「え？　どういうこと？」となるわけです（笑）。

　つまり、カバールが気象兵器である「ハープ（HAARP）」
や「ケムトレイル（上空から化学物質などが空中噴霧され
ること）」などで気象をコントロールしてきた背景を知ら
ないと、天気の話もできないのです。ヘタにいろいろな話
をしても妹も困惑しますから。本当に何も話ができませ
ん。3.11の福島の原発事故についても同じで、深い話が
できないのです。

多くの人が目覚めようと しない理由

美代子　それは私も同じです。洗脳されてしまった人たち の頭は頑固ですしね。どのようにしたら、多くの人に目覚 めてもらえるのでしょう？

ジーン　それは難しいでしょうね。基本的に、人は学校を 出て仕事をはじめると、もう好奇心を持とうとせずに、何 も学びません。朝、起きたら職場に行き、帰宅して家族と 過ごす、という人生で満足してしまいます。また、真実を 追求することにのめり込むと職を失うのでは、という不安 から保身にも走ります。さらに、世界が自分の考えていた ものと違うとわかれば、価値観も壊れますよね。でも、私 はウソをつかれるのが嫌だったし、真実を知りたいタイプ だったのです。それが、たとえどんなに怖ろしい真実でも ね。

美代子　同感です。私も馬鹿正直な人間なので、答えは何

であれ真実が知りたいです。

 ## 真実を知ることは、
物事の仕組みを知ること

ジーン それに、「真実を知りたい」ということは「物事の仕組みを知る」ということでもあるのです。私の場合、先ほどもお話ししましたが、車も自分で組み立てますからね。最初の車から自分で仕組みを学びながら、エンジンも部品もすべて組み替えたのです。そんなことも、すごくワクワクするんですよ。

美代子 そこまでのことは、普通の人はできないですけれどね。

ジーン ある意味、人間の身体の仕組みについても同じですよ。海軍時代には、医者に行くとより症状がひどくなるケースをたくさん見てきました。だから、自分で身体の仕組みを学び、不調があるならそれを自分で治したかったの

です。自然療法やホメオパシー、中国の漢方・鍼灸など、健康になれる数々の方法を習得してきました。他には、海軍を退役後には電気技師の資格も取りました。いろいろな矛盾点に気づいたことで、分析に必要な微積分など数学も徹底的に学び直しました。そこから、天才的な数学の先生と意気投合して、いろいろな研究もしてきました。

こんなふうにして、あらゆることを学び成長してきたのです。私は調査や研究が大好きなので、それらのすべてが、今に役立っています。武道も、人里離れた原野に出てレッスンを積んできたことから、「山の中に人工で造られた洞窟があり、地下につながるドアがある」ということを発見したのです。そこから、「DUMBs（Deep Underground Military Bases：地下深層軍事基地）」について知ることになり、徹底的にリサーチを開始したのです。

美代子 ジーンさんは、特に地下基地のトピックについてはエキスパートでいらっしゃいますからね。

ジーン ええ。でも、とにかく、"赤い錠剤"を飲んでからは、どんな困難なリサーチも神様が手伝ってくれるよう

になりました。また、真実を追求する多くの人との出会い
にも恵まれました。『300人委員会―「世界人間牧場計画」
の準備はととのった!!』の著書でも知られるジョン・コー
ルマン博士、ジョーダン・マックスウェル（神学・天文学
を用いて予言を行うアメリカ人作家・研究者）、コーリー・
グッド（幼少期から直感型エンパスとしてアメリカの軍事
的拉致プログラムに選抜され、地球外生命体とのコミュニ
ケーションを開始。秘密宇宙計画に参加）、デイビッド・
ウィルコック（古代文明・意識科学・物質とエネルギーの
新しいパラダイムの研究者、作家）、グレハム・ハンコッ
ク（600万部を超えるベストセラー著書、『神々の指紋』
の作家）、マイケル・テリンジャー（古代史研究家、探検
家、政治家、化学者）など、たくさんの人にお会いしてき
ました。

美代子　そうそうたるすごいメンバーばかりですね！

ジーン　ジョーダンとは意気投合して、夕食から朝までノ
ンストップで何時間も語り尽くしたことがあります。お互
いが研究した情報を交換し合うというエキサイティングな
時間を過ごしましたね。あとは、＊フィル・シュナイダー

にも興味があってインタビューや講演はチェックしていました。

美代子　フィル・シュナイダー！　私も彼の動画はほとんど見ました。彼は、大変勇気のある愛国者ですよね！　直接お会いされましたか？

ジーン　いいえ、彼には会うことはできませんでした。

美代子　そうなんですね……。彼は早くにお亡くなりになりましたからね。

* フィル・シュナイダー（1947-1996）

地質学者としてアメリカ政府機関に17年間勤務し、地下基地のプロジェクトに主に携わる。地下を掘る際のレーザーの掘削機の発明に寄与。地下基地建設への協力は、アメリカのものだけでなく世界の多くの基地建設にも及ぶ。高度なクリアランスを得ており、基地の司令官、CIA長官、アメリカ大統領とかに直接連絡が取れる立場にあった。あるとき、政府のアジェンダに幻滅して、政府が隠蔽していた闇の秘密案件や、「政府と宇宙人とのつながり」についての講演を行ったり、10万人消えた子どもたちが地下基地にいることについて発言しはじめると、1996年に"自殺"という形で死亡。父親はナチの捕虜でUボート司令官。

アライアンスの活動は 20世紀初頭から はじまっていた

美代子 カバールが長年世界を支配してきたわけですが、アライアンス側がカバールを倒す計画は、いつ頃からはじまったのですか？ たとえば、ケネディ大統領の暗殺は1963年ですが、その頃からカバールを倒す計画があったのでしょうか？ というのも、あの暗殺の前後からアライアンス側が綿密な計画を立てはじめたような気がするのですが。

ジーン アライアンス側の活動は、正確に言えば1903年からはじまりました。これは壮大な計画です。ご存じのようにカバールには、世界中の人を奴隷にしたり、人口を削減したりする大きなアジェンダがあったので、それに対抗するためにはじまったのです。

美代子 そんなに前からだったとは、知りませんでした！

ジーン　その頃から世の中がおかしいと気づきはじめた人が出てきたのです。その1人が、*ハワード・ヒューズです。ご存じですか？

美代子　はい、知っています。

ジーン　ハワードは、アメリカで最初の億万長者であり、石油王でした。彼は産業化が進む中で、政府との契約を結ぼうとしていましたが、どうしても上手くいきません。彼の製品の方が優れている上に安価なのにもかかわらず、契約を獲得しようとしても、なぜだか他の会社が契約を勝ち取るのです。そのことに理解に苦しんだ彼は、あることを思いつきました。彼は独身でハンサム、かつ裕福だったので、ガールフレンドにハリウッドの美女がたくさんいたのです。そこで、彼女たちを競合相手に向けてハニートラップ（色仕掛けによる諜報活動）の罠を仕掛けたのです。すると、しばらくしたある日、ガールフレンドのAさんが偵察から戻ってきました。Aさんは、ハワードと競合関係にあるお金持ちの男性と恋に落ち、2年間の付き合いを経

---

*ハワード・ヒューズ（1905-1976）

アメリカ人実業家・映画製作者・飛行家・発明家。20世紀を代表する億万長者の1人で、「地球上の富の半分を持つ男」とも呼ばれていた。

て、結婚する話にまで事は進んでいました。

悪魔的儀式を撮影して帰ったフィアンセの女スパイ

美代子 すごいですね。2年間という長期間に及ぶ、ハニートラップの一大プロジェクトですね。

ジーン はい（笑）。すると、この男性はAさんのことを信頼していたので、自分が参加する悪魔的な儀式の場に彼女を一緒に連れて行ったのです。すると、その儀式には産業界の大物が大勢揃っていたのです。彼女は、スパイが用いる極小の録画用カメラを持ってその場に臨みました。

美代子 映画の『*アイズ・ワイド・シャット（Eyes Wide Shut)』のような世界ですね。それに、そんなに前から、そのような高性能のカメラがあったのですか？

ジーン はい。そういう進んだテクノロジーは当時から
あったのですよ。単に私たちに公開されていなかっただけ
です。たとえば、コンピュータ業界は、ここ20〜30年間
で目に見えるほどの大きな進化を遂げていますよね。一方
で、航空業界などは一見、何も進化していないように見え
ます。でも、何も進化していないように見えている、とい
うことは、逆に新しいテクノロジーは公開されていなく
て、誰かがそれを陰で独り占めしている、ということなの
です。

美代子 それは言えますね！

ジーン さて、話を戻しましょう。そのAさんは儀式か
ら戻ってくると早速、ハワードにこっそり自分が撮影して
きた動画や画像を見せました。すると、ハワードはその内
容の怖ろしさにパニックに陥ったのです。以降彼は、華や
かな社交生活からすっかり遠ざかることになりました。同
時に、あのような怖ろしいことをなんとかやめたい、と決

---

* 『アイズ ワイド シャット（Eyes Wide Shut）』

スタンリー・キューブリック監督による1999年製作の映画。トム・クルー
ズ、ニコール・キッドマン主演。エリートたちが行うクローズドなパーティー
で行われる秘密の儀式の様子が描かれている。当映画試写会の5日後に
キューブリック監督は原因不明の心臓発作で急死。

意して信頼できる人と手を組むことにしたのです。その相手というのが、あのトランプの父親と祖父だったのです。また、彼らはニコラ・テスラとも付き合いがありました。

美代子　なるほど。ニコラ・テスラとトランプ家の人々がカバールを倒す計画があったというのは聞いたことがあります。

闘いには周到な準備が必要だと学んだアライアンス

ジーン　ちなみに、ラジオを発明したのはグリエルモ・マルコーニ（イタリアの発明家・起業家）といわれていますが、実はニコラ・テスラの発明です。電球もトマス・エジソンといわれていますが、ニコラ・テスラです。ジェネレーター（発電機）や交流送電もそうですし、あの時代に特許がある発明は、ほとんどがニコラ・テスラの発明なのです。また、反重力やフリーエネルギーに関するテスラの

アイディアは、すでに1890年から1900年代の初めには、人類が月に行くための研究にも使われていました。そんなニコラ・テスラは、トランプ家と懇意にしていたのです。

彼らはこの時、カバールの力が各産業の分野だけでなくマフィアにまで浸透し、あらゆる権力の上に支配を及ぼしていることに気づいたのです。そんな彼らに勝つためには綿密な計画が必要であり、本当に勝てる確信がなければ強敵との闘いには臨めない、ということも学んだのです。

まず、彼らはジョン・F・ケネディと手を組みましたが、当時の彼らには、まだケネディを暗殺から守る術も、彼の弟のロバートも守れるだけの力もなく失敗に終わりました。そこから時間をかけて、レーガンを大統領にしましたが、まだまだ大統領の命を守る力は十分ではありませんでした（1981年にレーガン大統領は銃撃を受ける暗殺未遂事件に遭遇）。とにかく、大統領が完全に安全であることを確認できないと、カバールを倒す計画は実行できないことがわかったのです。

美代子　裏ではそんな計画がはじまっていたのですね。

ジーン　はい。そこから彼らは、サテライトや監視などのテクノロジーに加えて、世界中のすべての情報をカバーする技術を手にしました。たとえば、「○○を暗殺する」という情報が出てくると、その情報をすぐにモニターできるのです。そして、その事が起きる前に対策が立てられるのです。

　実はドナルド・トランプという人は、生まれた時から大統領になるように仕込まれてきました。アライアンス側のトップは、ずいぶん前から彼にアプローチをしてきたのですが、その計画を嗅ぎつけたカバールが、その計画を壊そうとアライアンス関係者の乗っていた飛行機を墜落させたこともあります。けれどもある時、とうとう「今、行動しないと、カバールが世界を完全に支配してしまう！」という時期がやってきたのです。

 # ヒラリー政権になると核戦争が計画されていた

美代子　それは、どのようなことだったのですか？

ジーン　ヒラリー・クリントンが2016年の大統領選に勝った暁には核戦争を起こす、ということがわかったのです。CIA は独自の核を装備した潜水艦や、核弾頭を積んだ潜水艦を所有していますが、その核弾頭には、自国ではない国の偽物の署名がついています。つまり、イギリス製、フランス製、イタリア製、韓国製、中国製などの署名がついているのです。これがどういうことかと言うと、たとえその核を CIA が使用したとしても、署名のある国のせいにできるのです。カバールはこれによって、すべての国を戦争に巻き込む計画でした。

　そしてそのために、「MK ウルトラ（1950年代からはじまった CIA が行った人間の洗脳実験のコードネーム）」に参加した人たちが世界中に散らばっていたのです。そして、核爆発が起きたら、彼らはすぐに暴動を起こせる準備もできていました。一般の人々はすでに建設されていた強制収容所に収容されることにもなっていました。もちろん、本人たちは地下に逃げ込みすべてが終われば地上に出

てくる、というシナリオです。そこで、アライアンス側は
「もうこれ以上、待てない！」とトランプを説得したのです。

美代子　そうでしょうね。ヒラリーが大統領になって核
戦争を起こすという計画や、全米にあるスーパー・マー
ケットのチェーンの「ウォルマート」が閉鎖された跡地が
「フィーマキャンプ（FEMA camp）」という強制収容所に
作り替えられていた話もありましたからね。また、街で暴
動や乱射、放火をしているのは、MKウルトラで洗脳され
た人だとも聞いています。でも、トランプが大統領になっ
た頃からQも登場してきて、流れ的にもアライアンスが
勝っていると感じられるようになってきましたね。

掲示板サイトで質問だけを問いかけていたQ

ジーン　はい。でも、多くの人はご存じないでしょうが、
Qが最初に登場したのは2014年です。最初はネットの

「4chan（4チャンネル：英語圏に向けた掲示板サイト）」
に登場してきて、毎日、いろいろな質問をしていました。
彼らは、常に質問だけを書き込んでいたのです。私は彼ら
からの質問を見た時に、「このような質問をする人はそれ
が誰であれ、きっとすごい情報を持っている人だ」とわか
りました。

美代子 2014年からなのですか？　どんな質問をしてい
たのですか？

ジーン　たとえば、「人類が初めて月に行ったのはいつ？
1904年？　それとも1969年？」「その際には、反重力の
テクノロジーを使った？」「反重力は1894年からあった？」
「ダークフリートとは何？」など、本当にわずかな人しか
答えを知らないような質問を書き込んでいましたね。他に
も、月や火星にある基地の名前なども質問していました。
また、タイタニック号が沈没した件についても、「沈没し
たのはタイタニック号？　オリンピック号ではないの？」
などからはじまり、「沈没の原因は氷山に当たったから？」
「魚雷とか潜水艦だったのでは？」など、普通なら知らな
いようなことを質問していたので驚きました。

　しばらくすると、そのような投稿はなくなりましたが、2017 年に再び Q は登場しました。トランプ大統領が政権を握ると、今度は、「4chan」だけでなく、「8chan（8チャンネル：アメリカ向けの画像掲示板。現在は「8kun」に変更）」に登場します。時間を経て Q の情報は、より複雑で洗練されたものになりはじめ、以前のように質問を繰り返すだけではなく、次第に動画や写真なども掲載されるようになってきたのです。

美代子　Q の歴史を教えていただき、ありがとうございます。そういえば、タイタニック号の沈没に関しては、確か、連邦準備制度が制定されることと関係があったのですよね。

ジーン　はい、そうです。タイタニック号に乗っていたジェイコブ・アスター（実業家・陸軍軍人）他、大富豪の数名は、連邦準備制度が設立されることに反対でした。そこで、タイタニック号が建造されている間、タイタニック号と見間違えるほど瓜二つのオリンピック号が造船所に運ばれてきたのです。そして、オリンピック号の船体にタイ

タニック号という名の溶接がされました。実は、もともと
オリンピック号の船の後ろ側は破壊されていたのですが、
船内の設備などは、すべて新しいものに変えられました。
その上で、JPモルガンはタイタニック号に保険をかけて、
その船が沈んだら大金が入るようにしておいたのです。そ
して、彼らは処女航海に連邦準備制度に反対していた富豪
たちを招待したのです。

美代子　その直前に、JPモルガンは乗船をドタキャンし
ていたので、その話はやはり本当なのですね。

死を体験して
人生観がガラリと変わる

タイタニック号の悲劇

1912年、当時世界最大の客船で
あったタイタニック号が氷山に衝
突して沈没し、2,224人の乗客の
うち1,513人が亡くなった海難事
故。イギリス・サウサンプトンか
らアメリカ合衆国・ニューヨーク
行きの航海中の4日目に、北大西
洋で起きたといわれている。

美代子 本当に、カバールはこれまでの歴史の中で、あまりにも残酷なことを繰り返してきましたよね。このようなことを目覚めていない人に話すと、「なぜ、そんなことをするの？」と信じてくれません。つまり普通の人は、「人間なら、そんなひどいことはしないはず」とどこかで性善説を信じているからです。これについて私は、カバールはレプティリアンなどの地球外生命体と関係しているからだと思うのですが、いかがですか？

ジーン その通りです。本来なら、人間は生まれついたときの本質は善人であり、神を愛する存在なのです。

美代子 そうですよね。生まれたての赤ちゃんの愛にあふれたピュアさを見ればそれがわかります。そういえば、ジーンさんは死を体験したことがあるそうですね。

ジーン はい。私は一度、死んだ体験をしています。30分間ですけれど、この世界を離れて神様と話をしてきました。実際には肉体を離れたのはたったの30分間でしたが、神様との対話は、永遠の時のように感じられましたね。

美代子　ちなみに、神様はどんな方でしたか？

ジーン　その質問に答えるのなら、「鏡の中のご自分をご覧なさい。また、自然の美しさや赤ちゃんの顔を見てください」というふうに皆さんにはお伝えしています。

美代子　なるほど。つまり、神とは自分の写し鏡のようなものであり、また、神とはあらゆる自然の美しいものの中に存在する、ということですね。私も同感です。その体験は人生観を変えましたか？

ジーン　もちろんです！　完全に変わりました。1992年のある日、武道において忍者の技を弟子に教えている最中に、誤って日本刀が前日に怪我をしていた膝に刺さったことが原因で、気づいたら次の瞬間には、私の意識は銀河系に浮かんでいたのです。でも、神様は私がこの世に生還することを許可してくれたのです。とはいえ、神様が教えてくれたことを自分の中で消化するのには、かなり時間がかかりました。当時の私は未熟だったので、「立派な人間とは」ということが自分でも理解できていなかったのです。何しろ、当時は寄港する港ごとに恋人を作っていたありさ

までしたから。日本にいた時には、3人も恋人がいたんですよ。

美代子 それは、なかなかですね（笑）。

ジーン それに、典型的な船乗りらしく、よく飲み歩いていました（笑）。だから、神に仕えられるような人間になるまで時間がかかりました。それまでは、自分中心でエゴの精神で生きていましたからね。20年もかかったんです。でも今では、絶えず神とつながっていますよ。質問があれば神に質問すると、答えも得られるようになりましたから。

 # 神様とはホットラインでつながっている

美代子 それは素晴らしいですね。

ジーン たとえば、一国の大統領とか国の指導者などは、

緊急時でも話せるように、お互いにホットラインでつながっていますよね。それと同じで、私も神様とホットラインでつながっているようなものです。

美代子 素敵ですね。実は私は死後の世界の本をこれまで2冊書いているので、臨死体験には詳しい方です。多くの人が臨死体験でジーンさんと似たような体験をされた後、やはり、同じように神とのつながりをより強く感じるようになったり、ご自身の使命に気づいたりしています。

ジーン そうですね。でも、私にとって、「臨死体験」と「死の体験」とは別のものなのです。たとえば、臨死体験というのは、完全に死んではいない状況や、心臓が止まっても5分以内ではないでしょうか。私は30分間も死んでいたので、呼吸や脈もすっかり止まって完全に死んでいたのです。私が死んでいる瞬間、私のガールフレンドは必死に心肺蘇生法をしていたみたいですけれどね。

美代子 そうだったんですね。でも、もうあの世から戻りたくなかったのではないですか？

ジーン　いやいや、戻りたかったですよ（笑）。それに、死んでいる間には、神様がいろいろなものを見せてくれました。たとえば、世界が今後、大きく変貌してゆく姿など。そして、世界が悪い方向へ行かないためにも、「皆に真実を教える人が必要だ」と語ってくれました。私はこの出来事の2年前には、すでに"赤い錠剤"を飲んでいたので、いろいろと質問をしてみたのです。「どうして、悪魔のようなことをする人間がいるの？」とか「そんな彼らは、どこからやってきたの？」などについてですね。

　すると、神様の答えは、「元来、悪魔的な存在もいれば、偶発的に生まれる邪悪な存在もいる」とのことでした。また、「彼らはもともと人間ではなく、地球外生命体である」と。そして、「彼らのような存在は哺乳類ではなく、レプティリアンである」とも言っていました。また、「子どもを好んで食べるような邪悪なレプティリアンもいる」と。そんなことを教えてもらったことで、私はなおさら、「どうしても地球に戻って、人類を助けたい！」と思ったのです。

神に罰せられた
邪悪なエイリアン

美代子　そうなのですね！　そんな体験が今の活動に対する強い動機につながるわけですね。でも、レプティリアンの中には善良な部類のエイリアンもいますよね？

ジーン　はい。当然ですが、エイリアンは光と闇と両方に存在しています。たとえば、爬虫類系（はちゅうるい）のレプティリアンは闇の側ですが、「ドラコニアン（爬虫類系の特徴を持つが龍族系のエイリアン）」の場合は、すべてが悪魔的な存在であるとは限りません。ドラコニアンの世界にはカースト制が敷かれていて、インドはそれを真似して、自分たちの社会にもカースト制を作りました。

　また、ドラコニアンの中には180メートル前後の巨人もいますが、ドラコニアンの中でもアルファ・ドラコニアンと呼ばれる存在は、3.6メートルくらいの低身長です。彼らは人間の子どもを食べたがるような邪悪な存在です。さらには、多くのドラコニアンは自由に飛び回ることができ

ますが、アルファ・ドラコニアンは飛べません。彼らは支配欲が強く傲慢な存在だったことから、神に罰せられて多くの能力を失ったのです。

美代子　神様は邪悪なエイリアンたちに対して、そのような制裁を加えているのですね。

カバール側のエイリアン VSアライアンス側の エイリアン

ジーン　はい。また、多くの人がご存じの「グレイ」という種族がいますね。基本的に、彼らはクローンから成る存在です。頭は大きくヒップは小さいです。クローンなので、人間のように子どもを子宮から産むことはできません。グレイはもともと、私たちのようなヒューマノイドと昆虫型の存在からの掛け合わせのハイブリッドです。背が低くて真っ黒の目、大きな頭で細いヒップ、というのが彼らの特徴ですね。また、「メイトリー」と呼ばれる存在も

いて、他の種族よりもテクノロジー的に進化しています
が、邪悪な存在です。さらには、「ドルサイ」という種族
もいます。彼らも進んだテクノロジーを所有しています
が、悪意に満ちていて残酷です。他にもたくさんのエイリ
アンがいますが、これらが代表的な闇側のエイリアンです
ね。

　あとは、「ラプター」という存在もいます。彼らはもと
もと地球にいた種族ですが、闇の側から光の側に変わりま
した。なぜかというと、彼らが未来を透視したときに、光
の側に変わらないと自分たちが存続できないことを知った
からです。もともと彼らは、人間を食べるようなダークな
種族でしたが、今ではそういう行為はやめて人間の味方に
なりました。銀河にはすべてを統括する「銀河連盟」もあ
りますね。連盟には5つの評議会がありますが、そのうち
の1つには人類を助ける「アンドロメダ評議会」がありま
す。人類の方もすでに宇宙へ出て行っていますが、すでに
宇宙を旅した人が人類を助けるために、これらの悪魔的種
族と闘っています。

美代子　その他、人類の味方には「プレアディアン（プ
レアデス人で美を愛し平和を好む）」「アークトゥリアン

（アークトゥルス出身で青い肌が特徴、精神性が高い）や「ノルディック（ヒューマノイド系に近く金髪、白い肌、青い目の存在)」などがいますよね。

ジーン　はい、ノルディック、アークトゥリアンなどは、ドラコニアンよりもはるかに進化しています。また、レプティリアンの中にも、アルファ・ドラコニアンによりすべてを破壊されたので、地球で人類を助けているグループもいます。彼らはパラレルユニバースから来ていて、自分たちを破滅に追い込んだアルファ・ドラコニアンが嫌いなので、彼らを地球から追放したいのです。こんな感じで、今、たくさんの種族が人類をサポートしています。彼らの助けがないと、私たちは到底、カバールとは対抗できません。

 # 人類は奴隷として 5億人だけ残しておく

美代子　たくさんの存在がいて心強いです。このあたりの

情報には私も興味がありました。ちなみに、地球外の存在たちは、いつ頃から人類をサポートしているのですか？

ジーン　ナチスがグレイやドラコと条約を締結していたことを考慮すると、すでに1930年頃から地球外のテクノロジーは人類に提供されていたようです。第2次世界大戦以降、ナチスはドラコニアンのサポートを行っていましたが、彼らは技術提供を受けたお返しに、ドラコニアンが銀河系を侵略するための「ダークフリート（ドラコニアンをサポートするためにナチスが運営する闇の艦隊）」を贈りました。その見返りにナチス側は、さらに新たなテクノロジーを入手しています。1946〜1947年の「*ハイジャンプ作戦」でナチスが米軍に勝てたのは、その時にもらったテクノロジーがあったからです。

美代子　表向きの戦争ではナチスはアメリカに負けたわけですが、実際には裏の戦争では彼らは勝っていたのです

---

*ハイジャンプ作戦

表向きには、1946年から1947年にかけてアメリカ海軍が行った大規模な南極観測プロジェクト。実際には、ナチスやドイツの秘密結社の基地を探して破壊することが目的だった。人員規模は4,700名、13隻の艦船と多数の航空機により支援されていたが、ドイツ側にはダイレクトレーザー兵器や、高速の宇宙船などを備えていたことからアメリカ側は不利になる。

ね。

ジーン　そうとも言えますね。また、彼らはアメリカに来た時点で名前を変えていますが、あのブッシュ家で言えば、パパブッシュ（ジョージ・H・W・ブッシュ）の父親であるプレスコット・ブッシュはナチスの一員でした。実は、ヒットラーは南極に逃亡しましたが、他のナチスのトップの多くは南米に行きました。アメリカに来たナチスには、「MKウルトラ」プログラムのグリーン博士とか、強制収容所で人体実験をしてきたジョセフ・メングラーなどがいましたね。

美代子　こういったナチスのトップは、人間と宇宙人のハイブリッドだったりするのですか？

ジーン　カバールを構成する13家のファミリーのうち、ナチスはそのトップ5のうちの1つです。そのナチスを動かしているのは、「ケインの血族」といわれていて、アルファ・ドラコニアンの血が流れているファミリーであり、そのほとんどがもともとは人間ではありません。

美代子　やはり、そうなんですね。秘密結社の洗脳から解かれたアリゾナ・ワイルダーの証言などにも、実際に政治家や王族たちがシェイプシフト（姿形を変えること）をしたような話などもありますしね。

ジーン　はい。とにかく、カバールは人類を奴隷として使うために、全人類から5億人だけを残して後は殺す計画にしていました。それこそ、まさにネガティブなエイリアンのアジェンダですね。

美代子　そのために戦争、人工地震やハリケーン、ケムトレイル、遺伝子組み換え、パンデミックやワクチン、5G、暴動、森林火災などを起こすアジェンダがあったわけですから。許しがたいです。

 # 世界と日本の地下基地の実態について

美代子　ところで、ナチスがアメリカに渡って来たこと

で、欧州だけでなく米国にも秘密の地下基地があることは理解できますが、もともとは、誰が最初にこのような地下基地を作ったのでしょうか？

ジーン　1947年から「マークランド」というプロジェクト名で、月や地球の地下に基地を作る作業がはじまりました。特に、中性子爆弾を用いた採掘マシンが完成してからは、さらに効率よく地下基地の採掘が進むようになりました。*採掘用のボーリングマシンは、粒子のビームで一瞬にして地下を洞窟にすることができるのです。穴を開けたら、そこに液体窒素を入れて中を冷やし、そこから必要なインフラを作っていくのです。

＊採掘用ボーリングマシン

採掘用のボーリングマシンは、粒子のビームで地下を一瞬にして洞窟にすることができる。秘密裏に進行していた地下基地の建設には陰で多くの人々が携わってきた。＜画像はジーン氏提供＞

美代子　ちなみに、世界中の地下基地は、どれくらいの数があるのですか？

ジーン　まず、アメリカに関してだけなら、すでに爆破されたものも含めて356の*地下基地がありました。世界の規模でいうと全部で1万あまりの基地があり、世界中の海洋の地下に網羅されている「マグレブ（磁気浮上鉄道・リニアモーターカー）」式のトレインでつながっています。この列車は時速何千マイルもの速度で走るのですが、東京からワシントンDCまで約16分で行けるのですよ。

美代子　そうなんですね！　ただ、ヨーロッパやアメリカにおいては、地下基地が次々と作られていたのは想像で

*アメリカ国内の地下基地

アメリカ国内にある地下基地と地下基地をつなぐトンネルの地図（左）。右の画像は、アメリカ南西部における地下基地。＜画像はジーン氏提供＞

119

きても、日本の場合は、ちょっと想像できないのですが……。というのも、大掛かりな工事や建設があれば、必ず誰かが気づいたのではないかと思うのですが、いかがでしょうか。

ジーン 地下基地といっても最近のものだけでなく、アトランティス、レムリア、マヤ文明など、何千年も前の文明の頃からある地下基地も存在しているのです。日本にも、そのような古代からの地下基地がありますよ。たとえば、日本なら長崎と広島にも地下基地があったので、それらを狙って原爆が落とされました。現在、東京や名古屋の地下にも基地はあります。

ちなみに、日本が戦争に参加することになったのも、日本が産業的にも力をつけてきたことにカバールが目をつけて、戦争を仕掛けてきたのです。もともと、日本は仕方なく戦争に参加したのです。当時の日本は封鎖されていて、すでに、石油も何も手に入らなくなっていましたから。真珠湾攻撃も、他のイベントがそうであるように、わざと日本がひどいことをしたように仕立て上げられましたよね。当時の日本には、他の選択は残されていなかったので、ド

イツ側と手を組んだのです。

美代子 そうなのですね。ちなみに、日本の地下基地を管理しているのはどんな人たちですか？

ジーン やはり日本人です。基本的に地下基地に連れて行かれた人は、ずっと基地に行ったままになり、地上に出てくることはないです。

美代子 そうなんですか！ 皇族用の地下基地もあると聞いていますがどうでしょうか。

ジーン はい、あると聞いています。

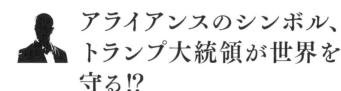
アライアンスのシンボル、トランプ大統領が世界を守る⁉

美代子 ちなみに、日本とアライアンスの関係はどのよう

になっていますか？

ジーン　トランプ大統領が2019年の5月に来日した際に、大相撲夏場所を観戦して優勝した朝乃山に「米大統領杯」を授与しましたね。これまで、アメリカのどの大統領も優勝杯を授与することなどはなかったのですが、実はこの行為こそが、日本もアライアンス側に加わったという証だったのです。また、彼は英国を訪問した際にも、エリザベス女王の前をわざと歩いたりしましたね。また、英国の軍隊を訪問する際にも、アメリカの海軍が迎え入れ、演奏された音楽も米軍の音楽でした。英国の軍隊たちに話しかける際にも、彼は1人で行動していました。これが何を意味するかというと、英国の軍隊も米国の側になった、ということです。

　同様に、ウェストミンスター寺院（イングランド国教会）を訪れた際には、「バージニア会社（17世紀に植民地を建設する目的でジェームス1世が勅許された会社）」の帳簿にサインをして代表になりました。これはバチカン、そして世界銀行を支配したことを意味していました。また、サウジアラビア訪問時にはソードダンス（剣の舞）を

して、中国訪問時には、公開されていない秘密の都市も初めて訪問しました。

美代子　つまり、こういったトランプ大統領の行動は、すでに世界は自分の管轄下にある、ということを示していたのですね。つまり、「私が世界を見ていますよ」ということですね。

ジーン　はい。ただし、カバールがすべてのメディアを支配しているので、人々はそのことに気づいていません。Qは、「8％の人は、いつまでたっても目覚めない」と言いますが、残りの92％の人たちだって、一晩で目覚めるのは無理というものです。何しろ、これまで長い時間をかけて洗脳されてきたので、その洗脳を解くのにも時間をかけて行わないといけないのです。

美代子　本当にそうですね。

 # 地球規模で壮大な
映画のシナリオが進行中

ジーン こういうことは、少しずつ行わないと精神状態にも影響します。真実を知ると、気がふれる人もいますから。私なんかは、目覚めた瞬間には2分間ほどフリーズして歩けませんでしたから。「すべてが間違っていた！」という思いがこみ上げてきて……。そして、すぐに歴史、物理学、世界の地理などを学び直さないといけないと思ったのです。だから、普通の人ほど、ゆっくりと教えてあげないとダメですね。

　今、トランプ大統領がすでに世界を管理下に置いたので、現在起きていることは、映画のシナリオが進行しているようなものです。悪人も、各々の役割を台本通りに演じないといけないのです。世界中の人たちが、壮大な1つの映画を気づかないまま見ているようなものです。たとえば、あのジョー・バイデン（アメリカ前副大統領で、2020年における民主党側の大統領候補）の主張などは、あまりにも馬鹿っぽいですよね。でも、彼だって本来なら

そこまで馬鹿ではない気もします。ということは、彼も自分に与えられたシナリオをただ演じているような気がしますね。

美代子 私もそう思います。フランスのマクロン大統領なんかは、かつてはカバール側にどっぷりと浸かっていましたが、今では、トランプ大統領の言うことを聞いていますしね。

ジーン ええ。でも、言われた通りのことをやらない人も出てくるでしょう。ただし、そのような人は、今後は牢屋に入れられたり、死刑になったりする場合もあるでしょうね。

美代子 アライアンス側のシナリオは綿密に立てられていると思うのです。たとえば、JFK ジュニアの件も、その計画の中にあるのではないかと思いますが違いますか？

ジーン JFK ジュニアに関しては、私の口からは今は何も言えないです。ただし、これだけは言えます。もし、JFKジュニアが今でも生きているのならば、プリンセス・ダイ

アナも生きています。そのように考えておいていただければと（笑）。

美代子 となると、マイケル・ジャクソンもですよね？

ジーン これに関しても、何も言えません。私が言えるのは、「1人が生きていれば、全員が生きています」ということだけです。

 # カバールが奪う 「言論の自由」で 人々は逆に気づきを得る

美代子 わかりました。とにかく、カバールがこのような事実を知ったなら、何をしでかすかわからないので、このようなことを話すのは危険ですね。

ジーン はい、危険です。野生の中で育った動物を檻の中に閉じ込めると、発狂してしまいますね。カバールをその

ような状況に追い込まないことが賢明です。彼らは平気で自爆テロだってする人たちなので、本当に何をするかわからないです。

美代子　そういえば、YouTubeでは10万ものチャンネルが削除されましたが、そのほとんどは、真実を追求する人のアカウントです。トランプ大統領はこういったことに対して、なぜ何もしてくれないのでしょう。

ジーン　そうですね。でも、このようなことは誰の目にも明らかですよね。つまり、10万ものアカウントが削除されたら、普通の人でさえ、「言論の自由がないのでは？」と思います。また、このYouTubeの検閲について何か言及したツイッターのアカウントも削除されたりしています。1日に数千ものSNSのアカウントが消滅しているのです。

美代子　なるほど。つまり、そんなことが話題になることを狙う戦略なのかもしれませんね。

 # トランプ大統領の
新型コロナの治癒には
メッドベッドが使用された

美代子　ところで、ニコラ・テスラの「テスラタワー」は
すでに使用されているのですか？

ジーン　はい。テスラタワーは、すでに世界中の多くの場
所にあります。

美代子　日本にもあるのですか？

ジーン　はい、世界中にあります。トランプ大統領は闘い
をする際には、合気道のように敵の力を上手く使います。
これがアライアンスのやり方なのです。つまり、5G のタ
ワーは、テスラタワーに変わったのです。また、タワーに
「マグネット・ストリップ」というツールをつけるだけで、
ヒーリング周波数を出し、免疫機能を癒すこともできるよ
うになりました。

美代子 そうなのですね！ 癒しといえば、メッドベッド
の公開も待ち望まれていますね。

ジーン 新型コロナウイルスに感染したトランプ大統領が
2日ほどで回復したでしょう？ あの時には、メッドベッ
ドを使ったそうですよ。

美代子 えっ？ 本当ですか!?

ジーン そのように聞いていますね。製薬会社「リジェネ
ロン（Regeneron)」の抗体カクテルがコロナの治療に投
与されたといわれていますが、実際にはメッドベッドを使
用したようです。

美代子 そうなのですね。メッドベッドはどこにあるので
すか？ ホワイトハウスの中にあるとか？

ジーン あくまでも聞いた話ですが、すでに、相当前から
メッドベッドは存在しているとのことです。「秘密宇宙プ
ログラム（1918年にスタートしたといわれている)」の頃
からあったといわれています。

美代子　「秘密宇宙プログラム」がはじまった頃というと、第1次世界大戦後の頃ですよね。かなり前ですね。そうすると、メッドベッドは宇宙船の中にあるとか？

ジーン　アライアンス支配下の地下基地か、もしくは、宇宙軍の基地の中かもしれません。また、秘密宇宙プログラム内で編成されていた「ソーラーワーデン（アメリカ海軍による太陽系監視艦隊の組織）」の存在が公開されましたが、そこにあるのかもしれません。

 地下に連れていかれた
子どもは孤児にされた
子たち

美代子　メッドベッドは、救出された子どもたちの癒しに使われていると聞いたことがあります。

ジーン　はい。子どもたちの傷やトラウマを癒す方法はそ

れしかないでしょう。子どもによっては、地下基地で生まれている子もいます。その子の母親も、もしかしたらそこで生まれているかもしれません。たとえば、動物も光がない場所で束縛すると、肉体にいろいろな変化が起きますよね。サラマンダー（サンショウウオ）みたいになってしまい、視力を失います。視力がないと外に出られないので、量子を用いた遺伝子レベルからのヒーリングが必要になります。メッドベッドはそのためにも使われます。

美代子　そうでしょうね。ところで、救出された子どもたちは、一体どこにいるのでしょう。まだ、外には出られない状態で地下基地に保護されているのではないかと思いますが……。

ジーン　地下基地は、すでに現在はほぼ一掃されてキレイになっています。基地内の悪魔的なものは排除され、浄化されて波動的にも上がっています。でも、子どもたちはまだ地上に出られないので、基地内で保護されているはずです。

美代子　なるほど。でも、多くの子どもたちは孤児でしょ

うしね。

ジーン　はい、あえて孤児を連れてきていましたから。ハイチの地震（2010年）とか、東日本大震災（2011年）などの悲惨な災害を起こして、子どもたちを孤児にしたのです。天災が起きる際には行方不明者が増えますよね。でも、多くの人は行方不明者が見つからなくても、悲惨な災害で亡くなったと信じますからね。

美代子　そうですよね。ところで、ジーンさんご自身は地下基地にいらしたことがありますか？

ジーン　はい。いくつかの基地には行ったことがあります。たとえば、古くて廃墟みたいな場所で薄汚いトンネルがあるような場所もあれば、最新テクノロジーで造られた街や公園、湖や動植物などが存在している美しい場所もあります。ホログラムの太陽や空もあり、一見、地下だとわからない場所もあるので、地下基地といってもその印象はさまざまですね。

美代子　＊地下基地にもそんなにバリエーションがあるの

ですね。

＊さまざまな地下基地の様子

地下基地にはそれぞれの目的によってさまざまな地下施設が建築されている。中には、まるで地上に建てられているような高階層の建物なども存在している。左の上から２番目は、海底にある地下基地。＜画像はジーン氏提供＞

Cheyenne Mountain

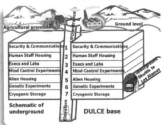

Agricultural premises		Ground level
Security & Communications	1	Security & Communications
Human Staff Housing	2	Human Staff Housing
Execs and Labs	3	Execs and Labs
Mind Control Experiments	4	Mind Control Experiments
Alien Housing	5	Alien Housing
Genetic Experiments	6	Genetic Experiments
Cryogenic Storage	7	Cryogenic Storage
Schematic of underground		DULCE base

トランプ大統領が
「嵐が来た」と表現する時、
それはじはまる

美代子　ところで、世界に向けての緊急放送が行われることについては、何か情報をお持ちですか？

ジーン　私が聞いているのは、「必要な時が来ればそれは行われる」、ということです。そこから3日間から10日間にかけては闇が続くといわれています。そこから「ネサラ（Nesara：National Economic Security and Reformation Act、国家経済安全保障改革法」がはじまるとのことです。「QFS（Quantum Financial System：量子金融システム）」と「QVS（Quantum Voting System：量子投票システム）」も同様です。その時に、トランプは「嵐が来た」とアナウンスをするはずです。地域によっては、コンピュータをシャットダウンしないで移行できるかもともいわれています。放送に使われるツールとしては、すべてのコンピュータやiPhoneやiPadなども操作されるといわれていますね。

美代子 テレビやラジオではないのですか？

ジーン もちろん、それらも使用されるでしょう。

美代子 それは多分、大統領選の後でしょうね？

ジーン はい、そう聞いていますが、あるにしても「ネサラ」と「ゲサラ（Gesara：Global Economic Security and Reformation Act、地球経済安全保障改革法)」の前になるでしょう。また、そのためにネットをやめる必要があれば、アナウンスがあるはずです。それは、その地域のテクノロジー次第だと思われます。

美代子 もしかして、日本はこの緊急放送が流れないかもしれないですね。

ジーン それもありえますね。

特殊部隊
「シールズチーム６」は、
カバールに殺害されていた

美代子　ここ最近（2020年10月）、「＊シールズチーム６
（Seals Team6：米国海軍の特殊部隊であるネイビーシー
ルズから独立した米軍対テロ特殊部隊)」の情報がSNS
から出てきましたが、どう思われますか？　このような
ニュースは普通なら表には出てきませんよね。

ジーン　はい、この情報を表に出さないために、最近、
ソーシャルメディアで一斉の粛清がはじまったのです。聞
いたところによると、当時、シールズチームらの搭乗した
ヘリコプターを撃墜したスティンガー・ミサイルの出荷証
明書類を含む、膨大な情報が存在していることがわかった
とのことです。もし、この情報が表に出てきたら、それに

＊シールズチーム６の情報

オバマ政権時にバイデン副大統領がビン・ラディン氏の殺害に関わったシー
ルズチーム６の隊員を情報の隠蔽のために殺害したという情報がSNSから
出たものをトランプ大統領がリツイートしたことが話題となる。一般に公
表されていたニュースでは、タリバンがシールズチームの乗ったヘリコプ
ターを撃墜した、といわれているがそれは虚偽であったという。

関与した人たちは、それこそ軍事裁判に連れて行かれて、現在の米国の法の下で有罪になれば、国家反逆罪で死刑になるでしょう。それにしても、この情報が今のタイミングで出てきたのはすごいです。何しろ、大統領選挙の直前ですからね。アライアンス側は、これらの証拠をこれまで隠し持っていながらも、このタイミングまで、わざと出さなかったというわけです。

美代子　アライアンスの方が一枚上手ですね。

 ## ツインタワーに突撃する旅客機は「ブルービームテクノロジー」で演出

ジーン　ええ。また、特殊部隊が殺害したオサマ・ビン・ラディンについてですが、公式に発表された時点で、すでに死後2年が経過していました。当然ですが、彼は9.11でタワーを攻撃した本人ではないですし、世界貿易センタービルのツインタワーに突撃した飛行機も実際には存在

していません。それに、ペンタゴン（国防総省）のように、この地球上で最も外部の攻撃から厳重に守られている施設をどのようにしたらアタックできるのでしょうか？ペンタゴンには民間旅客機の羽が当たった跡もないですしね。

美代子 本当に、この一連の9.11に関しては、子どもでもインチキとわかる事件でしたね。

ジーン ツインタワーのビルが倒壊する時のスピードも速すぎますしね。というのも、旅客機のエンジンが爆発する時の温度と、ビルのスティール（鋼鉄）が溶ける温度は違うのです。また、旅客機はアルミニウムで、ツインタワーの方はスティールとコンクリートでできていますからね。硬度もまったく違います。

　私は個人的に複数の人から、直接、この日に起きたことを聞いていますが、そのうちの1つにはこんなエピソードがあります。その当日の朝、ツインタワーに掃除に来ていたある男性が、朝のコーヒーを飲んでいたら、地下で何か爆発が起きたような揺れが起きたのがわかり、その振動で

コーヒーカップが倒れたそうです。そこで、あわてて何が起きたのかと地下に駆け降りてドアノブを触ったら、手に大やけどを負ってしまった、とのことです。そこで、急いで911（警察・消防・救急につながる緊急時電話番号）に電話をしようとしていたら、今度は続いて上階で爆発音が聞こえたといいます。

　また、別の人の話ですが、その人はその日の朝、ツインタワーのすぐ隣のビルにあるカフェでコーヒーを飲んでいたそうですが、飛行機が近くに飛んできたような音も振動もまったくなかった、と証言しています。つまり、飛行機は上空に飛んでいなかったのです。あの日、皆がTVで見た飛行機はCG（コンピュータグラフィック）のイメージとホログラムを合わせたものです。いわゆる、「ブルービーム」というテクノロジーを使ったものです。空などに大きなスケールでホログラムを映し出せるテクノロジーです。

美代子　「プロジェクトブルービーム」ですね。かなり本物に見えますね。でも、あの動画をスローモーションにして見れば、本物の飛行機でないことはわかりますよね。

ジーン・コーセンセイ *Gene Cosensei* PART II

世界の地下基地のスペシャリストが人類を救うために情報を発信！

ジーン　はい。動画の種類によっては、ビルの反対側に旅客機の頭部が突き出しているものもあります。要は、旅客機がビルを貫通しているのですが、そんなことは実際には不可能なのです。

美代子　それに、3機目としてペンシルベニア州のピッツバーグ郊外のシャンクスヴィルに墜落した旅客機も残骸がなかったですよね。ペンタゴンに激突したのは小型ミサイルみたいでしたけれど。

ジーン　過去において、NYの*エンパイア・ステート・ビルディングにも飛行機が衝突したことがありますが、このビルは今でも倒壊していません。マレーシアにもツインタワーと同じような高層ビルがあり、同様に飛行機が衝突したことがありますが、その事故ではビルは何日間も燃え続けたのに、ビル自体は今でもきちんと建ったままです。

---

*エンパイア・ステート・ビルディングに飛行機が衝突

1945年に陸軍のB-25爆撃機が濃霧の中を飛行中に、エンパイア・ステート・ビルディングに衝突した航空事故。この事故により、14人（3人の乗組員全員と建物内の11人）が死亡したがビル自体は大きな損傷はなかった。

141

乗客たちの多くは 地下で生きている

美代子 9.11に関して、旅客機の乗客が家族に電話をかけていますが、あの高度からは携帯はつながらないので、すでに別の場所に連れて行かれていた乗客たちは、そこから電話をかけたのでしょう。それにしても、9.11の時の旅客機や失踪したマレーシア航空機の乗客たちが、結局、どこへ消えてしまったのかが気になっていたのですが、どうでしょうか。多分、米軍の地下基地へ連れて行かれたのですよね？ 乗客たちが無事ならいいのですが……。

ジーン 彼らは生きていて、すでに多くの人が地下基地から救出されていますよ。

美代子 本当ですか⁉ よかった！ では、乗客たちは殺されてはいないのですね？

ジーン 全員は殺されてはいないです。でも、生存できている人たちも、心身共に傷を負っていますから、彼らを癒

すのには相当時間がかかるでしょう。

美代子　そうでしょうね……。彼らにしてみれば、なんて怖ろしい体験だったのでしょうか。それに、世の中の人が真実を知らずに、自分たちが地下で生き延びてきたことに気づいてもらえていないのですから。地下から「助けて！」と叫びたかったでしょうね。

ジーン　本当にそうですね。

オバマ前大統領の本名とは……

美代子　ところで、オバマ前大統領は、偽の出生証明書を使っていますよね？

ジーン　はい、彼の本当の出生時の名前は、バリー・ソエトロ（Barry Soetoro）です。

美代子 そういった事実が今後は公開されますよね？ ちなみにファースト・レディだったミシェル・オバマは、トランスジェンダーであり男性ですよね？

ジーン はい、本名はマイケル・ヴォン・ロビンソンです。

美代子 ビッグマイクという通称ですよね。ミシェルはカバールのハンドラーですね？

ジーン はい。

美代子 すでにこの2人は逮捕されているという話ですが。

ジーン はい。ここに、ミシェルが男性だったという写真があるので、あなただけにお見せしましょう。

　青年時代の若いオバマとマイケル（＝男性時代の短髪のミシェル）が肩を組んだ2ショット写真が提示される。

美代子 このような写真は、どのように手に入れるのですか？

ジーン リサーチしている人々が、私に送ってくれるのです。

美代子 この画像は、フォトショップなどで加工されたものではないですか？

ジーン 本物です。バックイメージリサーチという技術で加工かどうかは調べられます。

美代子 なるほど。こういった動きを見ていると、もうすぐ新しい世界が到来するんだ、と思えてきますね。

 # 人々に豊かさが
巡り来る日まであと少し

ジーン　はい、これからは、人間本来の生き方ができるような世の中になるでしょう。人間の本質としての愛の精神のもとで生きられるような日が来るでしょう。

美代子　生活をしていく上でも、ネサラ、ゲサラが実施されれば余裕資金も入るし、生きやすくなるでしょうね。

ジーン　そうですね。たとえば、私の場合は、アメリカでは所得税を24％支払うグループに所属しています。でも、街で売られている商品1つをとってみても、その製品ができる過程において、すでにたくさんの税金が支払われているのです。そういう意味においても、すべての過程で税金がなくなれば、人々の生活費だってもっと安くなるはずなのです。

美代子　その通りですね。それに日本では、特に相続税が高いのです。

ジーン　アメリカでは、トランプ大統領が相続税を廃止しましたからね。

美代子　それはうらやましいですね。

ジーン　これまでカバールは、「65歳を迎えた人は、病気になってさっさと死ねばよい」という考えの下で、さまざまな企てをしてきたわけです。仕事をしてきた人が65歳で引退するということは、「もうこれ以上世の中に貢献をしないのなら、死んでください」ということなのです。一方で、その人が亡くなったとしても、家族の方は多額の相続税を払わないといけない、となると相続税を支払うと何も残らなかったりします。あのエルビス・プレスリーの娘さんなどは、相続税を支払ったら財産が18％しか残らなかったといいますね。

美代子　本当に、カバールから搾取されてきたお金が世の中に還元される日が待ち遠しいです。

 # コロナウイルスは 目から入ってくる!?

美代子　そういえば、今の日本では、どこに行くにしても
マスクをしなくてはならないので残念です。私たちは、ま
るで奴隷のようです。この状況が１日も早く終わることを
祈っているのですが……。

ジーン　「WHO（世界保健機関）」は、すでにマスクや
ロックダウンには意味がないことを発表しましたけれど
ね。

美代子　でも、そういう話は耳にしたとしても、それでも
なぜか、どこでもマスクは強制されますよね。

ジーン　アメリカでも同じですよ。人々は言われた通りに
するだけで、自分では何も調べませんからね。

ジーン　今後、ウイルスはすでに変異していてまん延して
おらず、マスクは必要なかったと、また、普通の風邪のウ
イルスよりも致死率が低い、ということがわかればどうな
るでしょうか。

美代子　そうなればいいですね。マスクをすることは、健

康にも悪いですしね。

ジーン　その通りです。実際に、布を口元に被せてもウイルスは防げません。後に明らかになるかもしれませんが、通常ウイルスに感染するのは、目からなのです。

美代子　そうなのですか？

ジーン　そうです。目の液体、粘膜を通してです。ですから、もし、マスクが必要というのならば、目の方もカバーしなければなりません。たとえば、軍隊では汚染された場所に行く際には、ウイルス対策なら、すべての皮膚をカバーします。マスクなら、最低限「N95（米国労働安全衛生研究所の規格に合格したマスク）」でなければなりません。当然、目も防御します。そうすれば、ウイルスには感染しません。単に布を口に当てているだけならば、紙おむつを当てているようなものです。逆に、自分のバクテリア（菌）を吸い込んでいるだけですよ。

美代子　学校でも子どもがマスクを強制されているのを見ると、可哀想になります。

ジーン　本当ですね。

フィラデルフィア実験に
参加した船員との遭遇

ジーン　これまで、私は神に導かれてきたと信じています
が、時折、神が私に新たな気づきを与えようと石を投げて
くることがあります。その1つがあの「フィラデルフィア
実　験」に関するエピソードです。ご存じのように、フィ
_{エクスペリメント}
ラデルフィア実験として知られるこの事件は、第2次世界
大戦中の1943年にアメリカ海軍がフィラデルフィア沖で
駆逐艦「エルドリッジ号」にて行った大規模な実験です。
もともとこの実験は、テスラの発明したコイルで高周波を
発する電磁波で艦体ごと包み、敵のレーダー波を無効化
し、不可視化させることが目的でした。

　ところが実際に実験を行うと、エルドリッジ号が物理的
に姿を消してしまい、2500キロも離れたボストンのノー

フォークの港に現れる、という異常現象が発生したのです。そして、再びフィラデルフィアに船が現れた時、エルドリッジ号が無残な姿になり果てていた、という事件です。船員たちは、炎で身体が焼かれたり、デッキなどに身体が埋まっていたり、姿そのものが消滅したりなど地獄絵図化しており、死亡者が16人出ただけでなく、生き残った者のほとんどが精神に異常をきたすという大惨事になってしまった、という一件ですね。

美代子　はい、有名な事件ですね。これに関して、ジーンさんが体験したエピソードとはどのようなものなのですか？

ジーン　ある日、私がホノルルでエイズ関連の講演に参加している際、あるホームレスの男性と話をする機会がありました。その男性は、講演が終わると私に近づいてきて、ある写真を見せながら、「この軍艦に乗った男性に会いたいですか？」と聞いてきたのです。それこそ、「フィラデルフィアの実験」に使われた軍艦でした。興味を持った私は、早速その男性に自分の電話番号を教えて、その本人から連絡をもらうことにしたのです。2日後、私はその本人

の男性と会うことができました。彼はその実験について、すべてを話してくれただけでなく、彼が若い頃、海軍の制服を着て港に停泊するエルドリッジ号で撮った写真も見せてくれました。その写真は確実に本人の若い頃の写真だとわかりました。彼の話は信じるに値するものでしたが、私は通常、2つの情報源をもとにその話が本当かどうか、という判断をしています。すると、2週間後に、もう1つのある出来事に遭遇したのです。

美代子 それは、どのような出来事だったのですか？

ジーン その出会いから2週間後に、私は用事でパールハーバーから小さな島まで往復する小さなボートに乗っていました。すると、ふと気づくと、私の隣にある男性が座っています。よく見ると、その彼には右手がありません。その時、その彼に対して、なんとも不思議な印象を受けたので気になり、ついつい彼のことを凝視してしまったのです。すると、彼の方も私を見つめてくるとこう言いました。「あなたの質問に対する答えですが……、"はい"です」と。不思議なことに、私は質問などしていませんが、彼は私の考えていることがテレパシーでわかったようで

す。「はい。私は確かに、あの船に乗っていましたよ。そして私は、右手を失ったのです」と言いました。

　こうして、偶然にもフィラデルフィア実験の船に乗っていた2人の男性と同じ時期に会うことができたのです。話を聞くと、2番目の彼は最初に会った男性とは別の場所に乗っていたそうです。彼は船内のコントロールルームにいて、右手で壁に寄りかかっていたそうです。そして、実験がはじまると、艦体はメタル製だったので、テスラのコイルの働きによって壁はエネルギー化しましたが、彼は生命体なので肉体のままです。その瞬間、彼の右腕はエネルギー化した壁を潜り抜けてしまったので、再び艦体が元に戻って物質化した時に腕を失ってしまった、というわけです。

美代子　まあ、なんということ！

ジーン　この時に使用されたテクノロジーは、テスラのものとナチスのものがあったのですが、ナチスの技術の方では、タイムトラベルの実験をしていたようです。

タイムラインは自分で選択できる

美代子 そうだったんですね。ところでタイムトラベルといえば、トランプ大統領は未来に行ったことがあるのでしょうか?

ジーン もしかしたら、あるかもしれませんね。でも実際には、未来にタイムトラベルするのはそんなに難しくないのですよ。

美代子 そうなんですか?

ジーン 基本的に、アインシュタインの相対性理論で考えた場合、光速よりも速く移動することはできません。それならば、この時空を去って宇宙旅行をすればいいのです。つまり、自分の宇宙を操作できれば、タイムトラベルは可能になります。ただし、未来に行けるといっても、自分の好きな時空に自由自在にいけるかどうか、という問題はあ

りますけれどもね。たとえば、今起きている戦争もいろいろな種族が闘っているわけですが、未来から来た存在や、他の宇宙から来た種族などが時空を超えてやってきているわけです。中には、カバールが支配するタイムラインの未来から来た存在もいるのです。

美代子　ということは、エイリアンたちはタイムラインを良い方向に変えるためにやってきている、ということでもあるわけですよね。つまり、アライアンスのおかげで、もうカバールの支配するタイムラインにはいない、ということにもなりますね。それはいいニュースです！

ジーン　その通りです。今は、幸運なことに多くの人が目覚めてきていて、タイムラインを変えて、過去まで変えたことで「*マンデラ効果」もたくさん起きています。また、タイムラインはいく重にも重なりながら、たくさんの地球につながっています。たとえば、ケネディが暗殺され

---

*マンデラ効果

事実と異なる記憶を不特定多数の人が共有している現象。南アフリカ共和国の政治家、弁護士だったネルソン・マンデラ（1918-2013）の死亡時期について、誤った記憶を持つ人が大勢現れたことに由来する造語。多くの人がネルソン・マンデラは1980年代に亡くなっていたとなぜか信じていた（実際には2013年に亡くなっている）。

たタイムラインがあれば、ケネディが暗殺されていないタイムラインもあります。リンカーンが銃撃されたタイムライン、されていないタイムラインもあります。つまり、すべての可能性が存在しているのです。神様は私たちにさまざまな選択を自由にさせくれているのです。そして、選択したタイムラインの中で私たちは学んでいるのです。それが、選択の法則ですね。

美代子 だからこそ、一人ひとりがあるべき理想的なタイムラインを選ばなければならないのですね。

 # 5Gの先にある 6Gについて

美代子 先ほど、5Gはテスラタワーに変わった、というお話がありましたが、今後6Gについてはいかがでしょうか？ トランプ大統領も6Gについてツイッターなどで言及をしていますね。この6Gは、人体に悪影響が出ないようになっているのでしょうか？

ジーン　まず、6G はシグナルを送信していません。私が聞いたところによると、6G は量子クリスタルによる「*量子ゼノン効果」で作用するとのことです。量子クリスタルを用いると、電波などを使わなくても、離れたところへ瞬時に情報が届くのです。地球から月ほど離れていても、すぐに情報が共有できるのです。たとえば、車を運転していてトンネルに入ると、電波が届かないことがありますね。ところが、量子ゼノン効果なら、電波などいりません。どこでも瞬時に情報が伝達できるという驚異的なテクノロジーなのです。

美代子　それはすごい。でも、それが普及するのは何年も先かもしれませんよね？

ジーン　実は、これはすでに 1974 年からあるんですよ。

美代子　そうなんですね！

---

*量子ゼノン効果

量子ゼノン効果とは、短時間内での観測の繰り返しにより、時間発展による量子状態の他状態への遷移が抑制される現象。

ジーン　すでに試験も終了して、使用が可能なことも確認
されています。

美代子　それは期待できますね。ところで、国内外で推進
されていた「スマートシティー構想」などはまだあるので
しょうか。いわゆる、すべてがAIやセンサーなどでつな
がり、車も自動運転するような世界は実現しますか？　た
とえば、私の母は90歳で、まだ車の運転をしていて「自
動運転ができたらうれしい！」と言っていますが、そのあ
たりについてはどうですか？

ジーン　そのためのテクノロジーが開放され、公開されな
いと難しいかもしれません。でも、アメリカでは、すでに
これがはじまっています。たとえば、反重力とかフリー
エネルギーの特許が公開されはじめています。これらは、
技術としては完成していて機能もしているのです。また、
"フリー" と言うからには、特許料も払わなくてよいので
す。そうなれば、路上ではなく空中を走る車も作ることが
できます。

ルッキンググラスで見た
未来が近づいている

美代子　なるほど！　ところで、度々話題に出てくるネサラ・ゲサラの法案は実在しないという人もいますがどうですか？　また、これはもともとカバールのための案だったという話もありますが。

ジーン　9.11 が起きた理由の１つに、ネサラの情報を抹消したかった、というのがありますね。ワールドトレードセンターのビルにこれに関する書類があったのです。

美代子　一般の人々のための法案なので、それを抹消したかったのでしょうか。

ジーン　はい、そうです。

美代子　ちなみに、ブッシュ家のための法案もあったと聞きますが。

ジーン　はい、偽の書類も作られていました。でも、アライアンスはネサラのオリジナルのコピーを取っていたのです。カバールがやりそうなことをわかっていたので、9.11でその書類が破壊される前に、アライアンスはバックアップのコピーを取っていました。

美代子　ついに、この法案が実施されるのでしょうか。

ジーン　ロシアではすでにはじまっていますよ。今年の初めに、ロシアでプーチンは一旦、辞任しました。というのも、ネサラでは大統領や指導者が辞任しないといけないのです。

美代子　そうでしたね！

ジーン　ネサラのシステムにおいては、その国の指導者が辞任して新しい選挙を行います。ロシアでは、政府の職員たちも全員辞任しました。つまり、ロシアはすでにネサラを実行した、ということなのです。アメリカにおいても今後、タイムライン通りに事が進むのであれば、2021年の2月にはまた新しい選挙が行われるので、トランプが当

選するのではないでしょうか。ご存じのように、彼らには「ルッキンググラス」があるので、そんなこともすでに承知なのかもしれません。ちなみに、新しい選挙は上院も下院も行います。選挙では現職の政治家を選出してもいいのですが、とにかく、ネサラの施行においては、この過程を通過しないといけません。

美代子　そうなると、選挙後には民主党はなくなるかもしれませんね？

ジーン　タイムラインの情報によれば、いずれ民主党は消滅して新しい政党ができるそうです。私の聞いた話では、「憲法の党（Constitutional Party）」という名前のようですが……。

美代子　そうなると、この時点ではマイク・ペンスが副大統領でも、2月になったら違う副大統領になるのかもしれませんね。

ジーン　はい、まったく新しい選挙ですからね。先日、コロラドの山まで紅葉を見るドライブをしましたけど、ト

ランプの応援バナーは何百も見ましたが、ジョー・バイデンのものはたったの４つだけでしたよ。それに、「Kids Lives Matter（子どもの命を守れ、の意。ムーブメントになった "Black Lives Matter"、黒人の命を守れ、の運動をもじったもの)」などもあり、皆が目覚めはじめているのを肌で感じましたね。

 # 皆が幸せに生きている地球をイメージする

美代子 それなのに、大手メディアだけがいつまでも嘘の報道をしているのですよね。

ジーン その通りです。量子物理学の世界には、「観察者効果（観察する行為が観察される現象に与える変化のこと)」という考え方がありますよね。つまり、未来をしっかりと創造することが大事なのです。トランプが再選されて子どもたちが救出され、人々が美しい地球で安心して暮らしている、という世界で生きている自分をしっかりとイ

メージすればその通りになるのです。これまでは、カバールがブラックマジックを使って、このパワーを利用していましたからね。

美代子 意識やビジュアライゼーションの力ですね。自分の未来は自分が創造できます。私は『ザ・シークレット』を翻訳したのでわかります。この本はご存じですか？

ジーン はい、本だけではなく動画も見ましたよ！

美代子 私は、「引き寄せの法則」も教えていますが、これは1つのサイエンスなんですよね。

ジーン はい、サイエンスですね。だから、イメージをするだけでなく、それをしっかりと自分で体感している必要があります。また、その理想の自分、理想の世界がずっと続いていることを想像するのも大事ですね。そして、「神様、ありがとうございます」という感謝の気持ちも忘れないでください。さらには、神様の側に立って「どういたしまして」とまで言いましょう（笑）。

美代子　本当にそうですね。そんな新しい未来を想像するだけでとてもワクワクしてきますね！

ジーン　ハイ!!　ソウデスネ（日本語で）。

美代子　多くの人が今、不安を感じているので、私は自分の動画チャンネルでは明るい未来を語るようにしているんですよ。

ジーン　そうしてください。カバールは恐ろしい未来を創造したいので、わざと人々を恐怖と不安に陥れますからね。これまでのように、私たちを家畜として支配するためです。

美代子　とにかく、今日は長い時間にわたって、ありがとうございました。ジーンさんのお話には膨大な知識と情報が詰まっていて、まさに私たちの"先生"そのものだと思いました。最後に、日本の読者に一言メッセージをお願いします。

ジーン　わかりました。皆さんがそれぞれ思いやりを持て

るような世界に生きていて、なおかつ、子どもたちが大切
に扱われている地球の未来もしっかりとイメージしてくだ
さいね。

美代子　ありがとうございます。ぜひ、そんな理想の世界
を皆で引き寄せながら実現していきたいと思います！

🌹 地下基地の専門家といえば
　　ジーンさん

　対談中にもお話ししていますが、ジーンさんは地下基地の専門家とも呼べるお方です。

　今回、私がジーンさんにインタビューをお願いしたのは、多くの真実を追求する動画が存在する中で、とりわけジーンさんが世界中の地下基地についての情報に詳しい人だからです。たとえば、世界のどこの基地がすでにアライアンスによって奪還され、また、どの基地で子どもの救出があったのか、などの情報や解説が詳細でかつ

信憑性が高いことから、以前から私はジーンさんに興味を持っていました。

　でも、そんなジーンさんなので、ご自身の活動も大変お忙しいとのこと。最近では、世界中から届くたくさんのメールにも対応できず、睡眠を取ることさえままならない、とおっしゃっていました。そんな中、私からの突然のインタビュー依頼にもすぐに応じていただけたことは、とてもラッキーでした！

　ちなみに、ジーンさんのお父様は、かつて1940〜50年代にかけて極秘で行われていたアメリカの「秘密宇宙プログラム」に関わっていたハイレベルのエンジニアで、プロジェクトに関連する特許も持っていた人だそうです。そのような背景で育ったジーンさんなので、世界で本当に起きていることを追求するという姿勢は自然に身についていた、とおっしゃっていました。

🌹 すでに8割は
アライアンスの支配下に

さて、対談中にも地下基地のことは出てきましたが、ここでは、もう少し基地について補足しておきましょう。

　現状では、アメリカの地下基地の8割は、すでにアライアンス側の支配下にあるらしいのですが、まだ、オーストラリアなどはカバールの支配下にあるものも多いようです。

　また、世界中の海底にも地下トンネルがあり、すべての大陸がつながっているというのも驚きですね。

　基本的に、カバールは地上よりも地下活動が多く、そこにはエイリアンも当然関与しています。また、地上で誘拐された人は、地下に閉じ込められているケースも多いです。

　では、どのようなことが地下で行われているのでしょうか？

　まず、誘拐されてきた人は、遺伝子操作や宇宙人と人間とのハイブリッド、動物と人とのハイブリッド、マインドコントロールなどの実験台にされています。中でも、子どもたちは虐待や拷問、*アドレノクロムの抽出をされたり、生贄にもされています。

need to know it is really going on. I don't even
want to think about what demonic people
request to see done to these poor children. This
evilness needs to be stopped!

地下施設の檻に閉じ込められた子どもたち。＜画像はジーン氏提供＞

　他にも、地下ではAIと人間のハイブリッド、兵器の開発、宇宙テクノロジーやフリーエネルギーの開発、宇宙船や第3次世界大戦用の核弾頭を搭載した潜水艦基地など、数多くの裏プロジェクトが進行しています。

　さらには、カバールは、地上で核戦争が起きた際には、選ばれた人だけが地下で何年も安全に、そして快適に過ごせるための設備や食糧などもすでに準備しています。他には、機密資料の保存だけでなく、金、銀などの財宝も隠しています。

＊アドレノクロム
アドレナリンの酸化によって合成される化合物。小児に恐怖を与え虐待をするとアドレナリンが急増してアドレノクロムというホルモンが合成されるが、これを大人が摂取するとアンチエイジングや若返りなどに効果があるとして、エリート層やセレブリティなどが使用しているといわれている。そのための人身売買の闇のネットワークも存在している。

🌹 世界の地下基地の具体例

　以下に、ジーンさんから教えていただいた米国の幾つかの地下基地の例をご紹介しておきましょう。

アラスカ州基地 ──アライアンス支配下
　ヘインズ山には大きな基地があり、アラスカのハープ（HAARP）基地と共に稼働。

カリフォルニア州基地
　　　　　　　　──現在は、ほぼアライアンスの支配下
・サンフランシスコ・ベイエリア──アライアンス支配
　数多くのトンネルや地下基地ネットワークでつながる。たとえば、マンホールからトラックが入れるような大きさの入り口が100個あり。潜水艦が入れる入り口もあり。
・マウントシャスタ ──カバール支配下の基地もあり
　先進的な宇宙テクノロジーの基地、先進的なビーム兵器の実験基地、遺伝子実験、800マイルにも及ぶ最深の基地も存在。

- ナパ・ヴァレー ──カバール支配

 ナパの北部のワイナリーと基地をつなぐ。アングロサクソン系の奴隷にマインドコントロールを行ってきた（ワインテイスティングに来た人を誘拐していた）。政府系アライアンス側が支配するサテライトとレーザー通信の施設もあり。

- サンディエゴ ──アライアンス支配

 コムトラック潜水艦基地の地下6階は、潜水艦と地下鉄道の大陸間システムにつながる。

ミズーリ州 ──カバール支配からアライアンス支配へ

 最高位の悪魔的な生贄が行われる基地（4部屋から成る）が存在していた。2020年の4月に2100人の特殊部隊とアライアンスで6500人の子どもたちを救出。莫大な量のアドレノクロムが保存されていた。

コロラド州 ──ほぼアライアンス支配下

- ボルダー ──カバール支配

 電磁マインドコントロール、米国人の思考を変える研究、遺伝子実験、トンネルや地下基地建設のための地質学の研究を行う。

・コロラド・スプリングス　──アライアンス支配

　カナダと米国の国防に関する、何百人ものスタッフが存在、45 もの地下鉄鋼ビルや何千ものサテライト、ミサイル、地下道路あり。

・デンバー──アライアンス支配

　全アメリカ中の地下施設の主要なハブであり、超高速の地下鉄道で世界中のユニットにつながる。デンバー国際空港の地下には巨大な地下基地があり、100 万人が 150 年過ごせるほどの必需品や食料の貯蔵がある。巨大な湖や動植物も存在。核融合エネルギーを使用。フリーエネルギーのテスラ・グリッドシステムともつながる。70 階建ての強制収容所もあり。ここでは、地上よりも地下の複合施設の方が大きいといわれており、第 3 次世界大戦後には政府の機能が移行予定だった。

メリーランド州　──アライアンス支配

　米国陸軍の基地、国防情報局、サイバーセキュリティー、世界最大のスーパーコンピュータがあり。

　世界中のすべてのコンピュータ、電話、テレグラムなどの通信を監視する巨大な設備・施設があり。

　以上のように、全米から幾つかの州の基地の抜粋だけでも、それぞれの基地でどれだけさまざまなことが行われてきたか、などがわかると思います。

🌹 世界の地下基地の今後

　すでに知られているだけでも、アメリカには約350もの地下基地があり、毎年2つの地下基地が建設されてきたそうです。また、そのための建設費用として、1つの地下基地を作るのに170億～260億ドルもの大金が使われてきたそうですが、それらにはMI6（英国秘密情報部）やCIAのドラッグ密輸の資金が提供されてきたといわれています。

　また、たとえばラムズフェルド元国防長官が搾取して、どこかに消えたといわれていた2.3兆ドルの不明金なども、このような闇のプロジェクトに使われてきたのです。

　そして、それらの証拠書類がペンタゴンやNYの貿易センタービルにあったのですが、あの9.11の同時多発テロ事件で破壊され、消滅してしまったのです。

今では、カバールの基地も爆破されてアライアンス側の支配下になったものが多いとはいえ、まだまだカバール側の支配下の基地も多く存在しているのです。

　地球が愛の波動を上げて、新しい地球に変化していくためにも、まずは、地下に潜む邪悪でダークなエネルギーを1日もはやく消滅させて一掃し、地球の内側からの浄化が進むことを願っています。

PART

III

チャーリー・フリーク

Charlie Freak

愛と癒しの
エネルギーで
嘘を燃やし
尽くす！

 # チャーリーという名は 「嘘つきを燃やし尽くす」 という意味

美代子 こんにちは！

チャーリー ハローーーーーー!! 皆さんへたくさんの愛を込めて！

美代子 今日は、お時間をいただきありがとうございます。私はあなたの動画をたくさん拝見してきましたが、とても参考になっています！ まずは、自己紹介からお願いできますか？

チャーリー 私の名前は、チャーリー・フリーク（Charlie Freak）です。カナダ生まれのカナダ育ちですが、今は妻のコリーンと共にメキシコに住んでいて、毎日46匹の動物の世話をしながら、真実を伝える動画をネット上に投稿しています。もともとは、私はミュージシャンでスティーリー・ダン（ロックミュージシャン）の大ファンです。私

の名前ですが、「チャーリー」という名前は2つの言葉からの造語です。まず、「チャー」＝「char」は「燃やす」とか「焦がす」という意味があり、「リー」は「lie」で「嘘」という意味なので、「嘘つきを燃やし尽くす」という名前のもとで、真実を伝えているわけです。そして、真実を伝えていると、やっぱり変人扱いされますよね（笑）。ですので、「変人」という意味がある「フリーク（Freak)」という苗字にしました。

美代子　なるほど。ということは、本名ではないのですね？

チャーリー　はい、違います。でも、自分のことを正しく表現しているいい名前だと思っています（笑）。

美代子　その通りですね（笑）。ちなみに、チャーリーさんは瞑想をよくされているようですが、やはり瞑想をすると、インスピレーションが降りてきますか？

チャーリー　もちろんです！　私は膨大な情報をアップするために、かなり時間をかけてリサーチをしますが、どん

なに忙しくても毎日の瞑想は欠かせません。実は私の多くの知識は、この瞑想から得ていると言っても過言ではないのです。正しく瞑想をすると、内なる自分の静寂とつながり、調和が取れるようになります。そうすると、創造主（神）ともつながり、会話ができるようになるのです。実は、創造主はいつも私たちと関係を持ちたがっているのですよ。

美代子　自然に囲まれた環境で毎日瞑想をするなんて、素晴らしいですね！

チャーリー　最近は情報が氾濫しすぎていて、どの情報を信じたらいいのかわからないですよね。でも、そのような状況の中、どのように自分なりに真実を判断すればよいのでしょうか？　実は、すべての答えは自分の内側にあるのです。真実を知るためにはマニュアルも必要ないし、お金もかかりません。ただ、創造主とつながればよいだけです。私たちがお伝えしている内容は、すべて無料です。というのも、この知識は自分のものではないからです。これは創造主がもたらしてくれるものであり、神様が教えてくれる真実だからです。私はただ、その媒介をしているだけ

です。私は皆さんに光を届けて、皆さんが内なる神とつながるお手伝いができれば、それが私の喜びなのです。

美代子　素晴らしいお考えですね！　ありがとうございます。瞑想で内なる自分とつながり、本当の自分に気づくと、その人らしい人生が送れると私も信じています。

チャーリー　皆さんにも、瞑想をぜひおすすめしたいですね。

リーダーになる教育を 受けてきたトランプ大統領

美代子　ところで今、ちょうど大統領選が行われていますが（対談時は11月上旬）、チャーリーさんが考えるドナルド・トランプという人物についての見解をお聞かせください。

チャーリー　私の知るところによれば、トランプ家の先祖

は、もともとは慎ましい家庭の出身でした。彼の血族は女性に力があり、また、神にも近い家系だったようです。また、ドナルド・トランプは大統領として最初から選ばれし人でもあったので、成長過程において、さまざまな経験を積みながら、多様な人種やそれぞれの考え方を尊重するように育ってきたようです。

　また、彼は旧約聖書に出てくる「キュロス王（旧約聖書では救世主、メシアと呼ばれている）」とその存在の在り方が似ていると思うのです。旧約聖書のイザヤ書の中で、キュロス王は「神様からパワーを授けられ、汚れた土地を浄化した」と言っていますが、トランプ大統領も「泥沼をきれいにする（Drain the Swamp）」というスローガンを掲げていました。それに、アメリカ合衆国の歴史で、トランプは45代目の大統領ですが、偶然かもしれませんが、キュロス王は、旧約聖書のイザヤ書の45章に登場しているのです。

美代子　なるほど。それは興味深いですね。ちなみに、トランプ大統領はそのような使命に自分で気づいていたと思われますか？　彼が大統領になる前には、米軍の将校たち

が彼のところに大統領になるように説得に行ったという話
は聞いていますが、どうなのでしょうか？

チャーリー　本人は、10代後半の時点ですでに自分の使
命に気づいていたと思います。おっしゃる通り、2007年
とか2008年頃に、米軍の将校たちが彼のもとにやって来
たのは確かです。でも、そんなことも壮大な物語のほんの
一幕です。ドラルド・トランプという存在はミラクルであ
り、神から私たちへの贈り物です。アライアンス側のこの
ような動きがなければ、これから先、何千年もカバールを
倒すことは無理だったのです。

　今、私たちの旅路においては、すべてが私たちに有利に
なるように動いています。今はたとえそう見えなくても、
このことをすべての人に理解していただきたいですね。こ
の動きがあることで、伝統と歴史がある日本の皆さんも自
由になり、自分の魂を自由に表現できるようになるので
す。カバールとアライアンスの闘いは、2つの世界で起き
ています。要するに、3次元の物質的な地上と、形而上学
的な高次元における両方で起きているのです。空、太陽、
月、星、動物、樹木など、自然界のすべての存在たちも私

たちの勝利を願っています。善が悪に勝ってほしいのです。ですから、私たちは勇気を持って、この闘いを最後まで見届けなければなりません。そして、皆で自由を取り戻すのです。

美代子 そういうお話を聞いていると、本当にワクワクしてきますね！

 # ケネディやダイアナの墓地にあるQのシンボルとは？

美代子 ところで、今回のインタビューでは皆さんに、それぞれQについてご存じなことを教えていただいていますが、チャーリーさんが知るQとはどのような存在でしょうか？

チャーリー はっきり言えるのは、「Qはかなり前から存在していた」ということです。ケネディ大統領が1963年

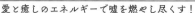

に暗殺されてバージニア州のアーリントン墓地に葬られた時、その＊お墓の形は上空から見て完璧なQの形をしていました。実は、ダイアナ妃の墓地、そしてマイケル・ジャクソンの自宅のネバーランドの墓地にも同じようにQの形があります。このようなことから推測すると、Qの活動は第2次世界大戦後にはじまったのではと思っています。いや、もっと前からあったかもしれませんが……。

　というのも、たとえば、世界史において第2次世界大戦についてはドイツや日本が悪者のようになっていますが、それは事実ではありません。歴史は再検証される必要があります。第2次世界大戦で本当に何が起きたのかを知っているのは軍人たちです。私は、このQというムーブメントは正義感のある一族と軍部の一部の人によって形成され

＊ケネディ大統領の墓

バージニア州のアーリントン墓地にあるケネディ大統領の墓の形は上空から見るとQの形をしていることがわかる。＜ google map より＞

183

たと考えています。この人たちは、第2次世界大戦で実際に何が起きたかを知り、また、その事実に衝撃を受けた人たちでもあるのです。つまり、カバールがこの世界を牛耳っていることを知ったのです。カバールは何をしてもバレないと思っていますが、だからこそ、ケネディ大統領が暗殺された時、そのお墓にQのシンボルをつけたのです。

美代子 つまり、そのころからQは、暗に自分たちの存在をアピールしていた、ということですね。

チャーリー はい。また、FBIの資料によれば、生前のJFKジュニアは、ジョー・バイデンやヒラリー・クリントンのことを強く非難していました。JFKジュニアは彼らがどんな人たちであるかをすでに知っていたのです。たとえば、こんなエピソードがあります。ある日、彼は、アメリカで人気のトークショーの番組に出て、多くの真実を語ったことがあります。私が憶えているエピソードは、ビル・クリントンの不倫相手で有名になったモニカ・ルインスキーについての話でした。彼はその番組内で、モニカが自分で書いたという詩を読み上げたのです。その詩の中には、彼らが闇で行っていた「ピザゲート（214ページ参

照)」のすべてのシンボルについて語ったのです。たとえ
ば、食べ物の名前に彼らがどんな意味を隠して使っている
のかとか、男の子や女の子の名前に隠された意味があるこ
とを話しながら、彼らの小児性愛についても語りました。
ただし、普通の人なら、その日その番組で語られたことが
何を意味しているのかなどは、わからなかったはずです。
けれども、JFK ジュニアはその番組で、それらをすでに暴
露していたのです。

美代子　モニカ・ルインスキーは詩の中で彼らの悪事を暗
号のようにして残していたんですね。

JFK ジュニアに影響を
与えたある小説とは

チャーリー　そうなのです。また、JFK ジュニアは 1999
年の夏には政界進出をアナウンスする寸前でした。でも私
は、それも彼の本心ではなかったと思うのです。というの
も、世の中を正すことを既存のシステムの中で行おうとす

ると、父親同様、闇の権力に邪魔されるか、暗殺されてしまいますから。そこで、政界に入るのではなく、最初から自分の死を偽装したのです。そして、アンダーグラウンドに潜伏することを選択したのだと思います。

　実は、この話に似た小説が存在していました。アイン・ランドという女流小説家が1957年に書いた『肩をすくめるアトラス（Atlas Shrugged)』という小説があります。この小説に出てくる登場人物の中にジョン・ゴールトという人物がいるのですが、彼は、身勝手な一部の権力者たちが、世の中に出てくる天才的な発明やテクノロジーをダメにしたり、隠したりすることに嫌気がさして、「もうこの世界はたくさんだ！」と思っていました。また、彼もフリーエネルギーの装置を発明するのですが、悪人に盗まれるか、破壊されるので公開しませんでした。そして、この腐敗した世の中を正すと言って行方をくらましたのです。そして、アトランティスという場所を創造して、腐敗した世の中で利用されている人々をその場に呼び寄せて、そこで、自由に力を発揮できるようにしたのです。

美代子　まさにそれは、現在JFKジュニアが生きていた

ら、裏で行っているようなことですね。

チャーリー　はい。そして、ここがポイントなのですが、小説中のジョン・ゴールトの計画は「ある時期まで待つこと」でした。現状の組織が崩れるまで待ち、人々には「腐敗した壊れた世界の中に居続けるのか、それとも、新しく目覚めたアトランティスの世界に行くのか」という選択ができるようにしたのです。これは、私が読んだ本の中で最も感動した本ですが、私がこの本に共鳴したように、JFKジュニアも共鳴したのではないかと思うのです。当時、とても人気のあったベストセラー小説でしたから。

　そして、もし、JFKジュニアがこのような形で生きていたのなら、舞台裏で多くのことを行ってきたはずです。たとえば、生命に危険のある重要人物を集めて、小説と同じようにどちらの世界で生きるか、などの選択を仰いだでしょう。そして、腐敗した組織から暗殺される危険から救ったのではないかと思うのです。もちろん、JFKジュニアに助けられた人々は今、Qに関与していると思います。あのドナルド・トランプもそのうちの１人ですよ。友人同士でもあった彼らは、このQの新しい計画を裏で進めて

いるはずです。

美代子 あまりにも壮大な計画ですね！　これをすべての人たちが知ったら仰天するでしょう。でも、同時に感動するのではないでしょうか。それに、ダイアナ妃とか、マイケル・ジャクソンなども生きていたら、本当にうれしいです。ちなみに、ダイアナ妃のお墓にもQのシンボルがあるというのは、偶然ではなく、あえてその形に作られたのですよね？

 ## ダイアナ妃は殺害計画を ハイジャックした⁉

チャーリー もちろんです。当時は私もそこまで目覚めていませんでしたが、すべてのことがおかしいとは気づいていました。たとえば、多くの人がダイアナ妃は大きな問題に直面していることを知っていましたね。彼女はストレスを抱えていて苦しみ、自分の命が危ないことを何度も訴えていました。BBC（英国公共放送）の番組内でも、「私

は殺されるかもしれない」「すぐにでも彼らは私を殺した
がっている」とまで言っていました。そこで、ドナルド・
トランプとJFKジュニアはダイアナ妃にアプローチして
友人関係になったのです。また、マイケル・ジャクソンと
ダイアナ妃も親しい友人関係にあったことは知られていま
す。ダイアナ妃は、ロイヤルファミリーのメンバーである
ことの恐怖をマイケルによく聞いてもらっていたそうで
す。

　ただし、そんな彼らも実は裏で計画を立てていました。
ご存じのように、ダイアナ妃と恋愛関係にあったのは、サ
ウジアラビアのアルファイド家のドディ・アルファイドで
す。実は、ダイアナ妃の乗った車が事故を起こした日、事
故現場のトンネルのすぐ近くには、ドディの父親の家があ
りました。彼女は自身が殺害される計画を逆にハイジャッ
クしたのです。これらのことから考えると、ダイアナ妃の
死も嘘だと思われます。あの夜の出来事はある程度まで事
実ですが、事故の後に、ダイアナ妃は安全な場所で長い間
かくまわれていたのではないか、と思われます。

美代子　そうだったんですね。ダイアナ妃も生きていらし

たらうれしいですね。

チャーリー　はい。マイケル・ジャクソンも同じ状況だと思われます。他にも、こんなふうに命を助けられた人は多いと思います。場合によっては、メイクアップなどや変装で別人になって公の場に出てきている人もいます。私が瞑想から得たメッセージでは、「JFK ジュニアは、自分はイエス・キリストのようになるべきだと悟った」と感じました。そのために、彼は事故後に多くの文化を理解するために、日本や多くの国を訪れているようです。なぜなら、米国だけでなく、世界中の国を救わないといけないからです。

　もちろん、世の中がまったく良くならない、と感じている人もいるでしょう。でも、200か国以上の国々のためにこの活動は行われているのです。何しろ、ほとんどの国の政府が"悪"なのですから。ですから、信用できる人と共に活動する必要があるのです。また、何かが起きても、人々がパニックに陥らないような状況にしておくことも必要です。これは、すごいスケールのオペレーションなのです。

一方で、ドナルド・トランプの方はそういう体験はなく、彼は表で活躍する人です。彼はJFKジュニアの飛行機事故の４日後に、テレビのトークショーで大統領選に立候補することをアナウンスしました。いつとは言及しませんでしたが、「いつの日か大統領になる情熱が湧いてくるだろう」という発言をしています。要するに、トランプは公の人ですが、舞台裏にはJFKジュニアがいるのです。JFKジュニアは変装の達人で、ときどき公の場に姿を見せていますが、この２人は最強のコンビです。

2022年は癒しの波動で世界が包まれる

美代子　すごいお話ですね！　ところで、今のお話に関してだと、「1999年の飛行機事故、2000年にヒラリーが上院議員になる、ショーを楽しんで！　Q」というQの投稿がありましたね。だから、私もすべてがショーだと確信していました。明らかに、JFKジュニアの死は偽装だと思い

ますが、他にも偽装だと思える理由もあります。それに、いつもQは、「最高のことがこれから起きる！（The best is yet to come）」と投稿していて自信も感じられました。

チャーリー　はい、彼らはすでに勝利しています。先日、私のポッドキャストで「カバールを倒すAからZ。トランプ大統領とQの26の戦略」という番組内で解説をしました。特に、この2年間は世界を舞台に史上最大のリアリティー・ショーが行われています！　ショーのシナリオの中には、処罰されなかった悪魔たちにも、それぞれの役がありました。すでにその多くが逮捕されていますが、彼らはもう二度と自由になることはないでしょう。でも一応、司法取引をしているので、それを守れば死刑は逃れられるのです。

　ちなみに、彼らは「悪魔的な計画をそのまま演じろ」といわれています。それは人々に、彼らの悪魔的なアジェンダをあえて知ってもらうためです。なぜなら、私たちもまた、目覚める必要があるからです。私たちも怖ろしいことには目を向けたくないことから、それらから目を逸らしてきました。でも、2020年に多くの人が開眼し、2021年に

は悲しみと喜びが混在する激動の年になるでしょう。つまり、悪も善も味わうことになるのです。続く 2022 年には、人々が立ち上がる年になります。「ゲトマリア数秘術（カバラの考えに基づいた数秘占術）」ではゼロを数えないので、2022 年は 222 という数字になりますが、この 222 は「神聖な女性のエネルギー」であり、「母なる大地のエネルギー」を意味します。つまり、2022 年は女性エネルギーが増大する年になるので、地球には愛と癒しのエネルギーがあふれるのです。こんなタイミングで生きていられるなんて、すごいことなのですよ。自分の運命をここまで劇的に変えられることはないのですから！

美代子　本当ですね！　そうすると、2022 年は地上の楽園が訪れるのでしょうか？　でもその前の 2021 年は、まだまだ激動の年なのですよね。

チャーリー　はい、今後はまだ長い道のりが続きますが、2022 年からは癒しの波動になります。さらには、今回の大きな目覚めには、経済システムのリセットも含まれています。今、すべての国から盗まれた金とか金の延べ棒などは、盗まれた国々に戻されています。今後は、金本位制に

なります。通貨も残りますが、資産が裏付けられる本物の通貨になるでしょう。これまで経済的に困窮していた人も、将来的にはお金の問題はなくなるはずです。毎年、資金が潤沢に流入してきて、年々その額も増えていくでしょう。ただし、そのためのプロセスも必要になります。また、地球を癒すため、子どもや老人、動物を助けるためのプロジェクトを支援する資金も入ってくるでしょう。愛と思いやりの心さえあれば、お金は自然と入ってくるのです。だから、お互いが助け合う愛の精神が大事になってきます。

美代子　私は今年からフェイスブックでサロンを作り、今では2000人以上の方に参加していただいています。私のサロンのメンバーの方々は、金融リセットの話が出ても、お金持ちになりたいというようなエゴにもとづいた願望ではなく、地球の環境のために、人々のために何かをしたい、という美しい魂の方ばかりが集まっていて、新しい地球に移行するのを楽しみにしています。

チャーリー　それは素晴らしいですね。

トランプ大統領の最初の
外遊先がサウジアラビア
だった理由

美代子　でも、そのために、トランプ大統領はこれまで世界中を回って、リーダーたちを従えたそうですね。たとえば、プーチン大統領とかインドのモディ首相などは、もともと光の側でしたが、他の国のリーダーたちはカバール側の操り人形だったはずです。フランスのマクロン大統領、カナダのトルドー首相や、ドイツのメルケル首相などはどのようにしてトランプ側についたのでしょうか？　彼らは信頼できる人間になったのでしょうか？

チャーリー　トランプ大統領が就任後に初めての外遊をサウジアラビアからスタートしたのは、王族の一員であり、政治家でもあったビン・ナーイフを倒すためでした。彼はサウジアラビアを危ない方向に導いていたからです。彼は、地下基地をたくさん建築して、アドレノクロムのビジネスに関与をしていました。そのために、大勢の子どもた

ちを誘拐したり、虐待したり、おぞましいことをしていたのです。けれども、サウジアラビアのロイヤルファミリーの中には、石油で汚いお金を稼ぐのではなく、子どもの虐待や売買には反対したり、フリーエネルギーの解放を望んでいたりした人もいました。そこで、ビン・サルマン王子がビン・ナーイフに代わって、トランプ大統領に協力することにしたのです。

　実は、サウジの資金がここ20年間、何に使われていたのかと言うと、大手インターネットメディアに使われてきました。ツイッター、インスタグラム、フェイスブックのトップは本当の創設者ではありません。彼らはカバールの手下であり、その背後にはサウジアラビアがいます。でも、サウジアラビアのビン・サルマン王子がトランプ大統領と協力関係にあることで、これらの巨大なネットメディアを味方につけました。彼らは未だに悪者のように振る舞っていますが、悪魔的アジェンダを最後まで演じているのです。ここの部分もすべて大きなショーの一部です。

美代子　先ほどチャーリーさんは、トランプ大統領が計画的に世界を訪問されたとおっしゃいましたが、その際に大

量の証拠の書類・資料などを持って行ったという話があります
ますね。でも、すでにその前に行く先々では根回しができ
ていたのではないでしょうか？

チャーリー　はい、事前にできていました。これまでの善
良なリーダーが失敗し、トランプ大統領が上手くいった理
由として、彼は最初に最高位の人を自分に従えさせたので
す。彼は18カ月の間に、世界中を訪問しましたが、各国
のリーダーを目の前で服従させたのです。ですから、その
後は公の場では、すでにシナリオ通りに事が運んだので
す。

美代子　やはりそうだったんですね。

 # 真実を伝えると消される
SNSアカウント

美代子　大手のSNSの背後にはサウジアラビアがいると
おっしゃいましたが、そうすると、多くのアカウントが削

除されている現状も、ショーの一部なのでしょうか。

チャーリー　はい、そうです。私もフェイスブックのページは、過去に一度削除されました。そして今日、また再び私のページは停止されてしまいました。私は危険人物だということで……。

美代子　チャーリーさんが危険人物なんですか（笑）。私も、ある牧師さんが神様からのお告げで「トランプが大統領に選ばれる」と予言した動画を上げたら削除されました。すでに私の YouTube アカウントも何回か警告を受けてきたので、いつ突然、削除されてもおかしくありません。でも、チャーリーさんの YouYube のアカウントは大丈夫ですよね？

チャーリー　はい。YouTube のアカウントは、守られているようですね。私の動画のコレクションは真実を伝えていますので、霊的な叡智である神様から守られていると感じています。でも、それ以外の活動は猛攻撃を受けています。クラウドファンディングの私の「パトレオン（Patreon）」アカウントも削除されました。私たちは 46 匹

の捨てられた動物を保護しているので、そのための寄付を
お願いしていたのです。でも運営側は、動物を保護する私
たちのことを危険人物だとみなしたようです。まあ、そん
なことも大丈夫です。こういうことが起きることも大事で
あり、すべてを受け入れていますから。

　ところが不思議なことに、フェイスブックに関しては、
私のアカウントは二度目の削除を受けて、自分の情報にア
クセスできなくなっていたのですが、なぜか先ほど再び、
ページが復活したのです。だから、また情報をアップでき
るようになりました。つまり、誰かが私のページを削除
し、誰かがそれをまた復活させているのです。不思議です
ね。面白いでしょう。

美代子　そんなこともシナリオの一部だったら面白いです
ね。

 ## 本人は逮捕され、 そのクローンも 軍に監視されている

美代子 話は変わって、チャーリーさんは、クローンについてはどう思われますか？ たとえば、ヒラリーの場合はクローンの話がよく出ますが、私は彼女の代わりをする役者も存在しているように思えるのですが。

チャーリー クローンは技術的には可能だと思います。でも、クローンに意識や魂を入れるのは難しいのではないでしょうか？ やはり、神しか人間に意識・魂を入れられないと思っています。クローンは確かに存在するとは思いますが、正直なところ、よくわかりません。たぶん、非常に洗練されたAIテクノロジーを使用したものでしょう。

美代子 現在のヒラリーはどう見ても本人には見えませんから、役者とかクローンなのでしょうけれども、オリジナルなヒラリーはすでに逮捕されているので、そうなると役を演じている役者やクローンが逮捕されるのですね？

チャーリー　はい、オリジナルは逮捕されています。でも、役者やクローンでさえも自由ではありません。軍のガード付きでいつも見張られています。

美代子　ジョー・バイデンもですよね？

チャーリー　はい。すでに本人は逮捕されていて、監視の下で表に出ています。電話もパソコンも盗聴、監視されているのです。ある意味、今のこのショーは一般大衆のためのもの、つまり、目覚めていない人たちのためのショーなのです。私たちはまだ病んだ暗い世界に生きているので、これを続けなければならないのです。

美代子　でも、私たちみたいに、すでに目覚めている者にとっては滑稽な喜劇のようです。たとえば、ハンター・バイデン（ジョー・バイデンの次男）のパソコンが、あれだけの証拠になる写真や動画を入れたまま、なぜ、修理屋に出されてそのままになったのか、という点など、普通ならありえないですよね。それも、大統領選の直前にそういうことが発覚したというのも不可思議です。

チャーリー　そうですね。密告をしたすべての情報を持っている男、というのも誰か謎でしたね。もしかしたら、"変装の達人"の誰かかもしれませんね！

美代子　なるほど！　本人は中東に長期駐在したCIAの密告者であると語っていますが、長い髭と帽子ということで、JFKジュニアによる変装の可能性もありますね。もう一度、画像を見てみます。このタイミングでしたからね。

 # マイケル・ジャクソンや ダイアナ妃が救出された 子どもを助けている⁉

美代子　これまでのトランプ大統領の功績として、表のニュースには出てきませんが、多くの子どもたちが救出されたことが私は一番うれしいです。

チャーリー　トランプ大統領とQチームは子どもの救出

を最優先にしていましたので、逮捕した人からは、地下へ
のトンネルの入り口がどこにあるのかを教えてもらってい
たようです。地下のトンネルには世界中の大勢の子どもた
ちが閉じ込められているのです。

美代子　救出された子どもたちは、*NYのセントラルパー
クの病院テントや病院船にいたようですが、本当に良かっ
たと思います。マイケル・ジャクソンやダイアナ妃が随分
と子どもたちを癒しているという話もありますが、合って
いますか？

チャーリー　はい、多くの子どもたちは、ずっと地下にい

＊ NY のセントラルパークに設置された病院テント

2020年の4月にはNYのセントラルパークに次々に野戦病院のテントが設
置された。これは、表向きには新型コロナウイルスの拡大のため、臨時の
治療施設として報道されていたが、実際には米軍によって救出された子ど
もたちの手当てやケアを行っていたといわれている。＜画像はジーン氏提
供＞

たので、急に地上に出ると内臓が破裂したり、太陽光線で皮膚が焼けたりしてしまうと危険なので、慎重に対応しています。なおかつトラウマを抱えているので、マイケル・ジャクソンとかダイアナ妃が力を貸しているようです。また、トランプ大統領が人工呼吸器についてたびたび言及していましたが、子どもたちに人工呼吸器も使われているようです。

美代子 地下基地では拷問、虐待だけでなく人体実験やマインドコントロール、生贄など怖ろしいことが行われていましたよね。子どもたちは、電流の流れる檻に入れられているという話も聞きました。でも、そんな地下基地も破壊されているという話なのでほっとしています。地下基地に詳しいジーンさんからは、北欧の地下基地から大勢の女性たちが救出されたという話を聞きましたが、子どもだけでなく、女性たちの中にも誘拐されて、地球外生命体との間でハイブリッドを産まされたり、つらい思いをしてきた人も多いと思います。世界中でこのようなことが本当に起きていたということで、涙が止まりませんでした。

チャーリー 本当にそうですね。救出された人たちが心身

共に癒されることを祈っています。

2020年の大統領選挙は アライアンスの計画の 最終ステージ

美代子　さて、今回の大統領選についてどう思われますか？　私は2016年のヒラリーとの選挙戦からトランプが勝つと思っていました。今では当時と比べて、トランプ大統領の人気は上昇しているだけでなく、目覚めている人も増えてきましたよね。

チャーリー　今回の大統領選が、アライアンスの計画の最終ステージになります。2020年は、新型コロナウイルス感染症によるパンデミックが起きて、多くの国々がロックダウンを経験し苦しい体験をしましたね。これらも、最後の闘いの段階に入ったからです。Qチームは各国で、カバールの闇の部分を多く暴露しています。私はカナダ人ですが、トルドー首相はすでに逮捕されて自宅軟禁状態で

す。今の彼には権力はありません。彼は本当に悪魔的な人でした。何度も申し上げますが、これは一大ショーなのです。悪者はそのまま悪者の役を続けるのです。そうすれば、死刑は免れるわけですから。

美代子　そうですね。でも、大手メディアでは、ヒラリーやハンター・バイデンのパソコンにあるデータのことなどは、ほとんど報道しませんね。これまで多くのリーダーが不正、腐敗、未成年の性的虐待など許されないことを行ってきましたが、一体、いつになったら主要メディアがこれらを暴くのでしょうか？　チャーリーさんは以前、すでに大手メディアもトランプ大統領の支配下になったとおっしゃっていましたが、どうなのでしょうか？

チャーリー　これらについて、今ではNSA（国家安全保障局）がすべての証拠を握っていますが、メディアもカバールに操られているので、これまで同様に悪者の役を演じ続けます。そして、一般の人々が、「いくらなんでも、狂っている！」と気がつくまで、その役を演じ続けるのです。彼らは明らかに嘘の報道をしています。大統領選挙においても、バイデンが優勢になるのは、主要メディアの偏

向報道のせいです。

美代子 　メディアの中でもハリウッドに目を向けると、ハ
リウッドスターは、今回のコロナウイルス騒動で、これま
でアドレノクロムを飲んでいたような人は、相当に身体が
病んでしまっている人もいますし、逮捕された人も多いで
すね。私の大好きなスターたちも逮捕者リストに載ってい
るので残念です。でも、ハリウッドスター全員が悪いわけ
ではなく、メル・ギブソンのように正義感ある俳優もいる
ので、もっとそういう方に出てきてほしいですね。

チャーリー 　そうですね。ただし、ハリウッドはすでに崩
壊しています。これからは、善良なる人々の手で制作され
る映画も増えてくるでしょう。つまり、ハリウッドで制作
されてきたここ数十年間の映画に比べて、かなり違うタイ
プのものになってくるでしょう。そういう意味では、ワク
ワクしていますよ。

美代子 　それは楽しみですね。

 # 大統領選の結果も
計画の中に入っている⁉

美代子 大手メディアは、大衆を洗脳するためにあります
からね。何度も繰り返し同じことを放送していると、いつ
の間にか、それが真実のように聞こえてきますから。

チャーリー はい、その通りです。でも、たとえば、メ
ディアではカリフォルニア州は民主党支持者の州だと思わ
れていますが、そんなことはないです。選挙前には道路で
はトランプを支持する人たちが何キロにもおよぶ長蛇の車
の列を作っていました。そして、そのような州で不正選挙
が行われても、勝ってきたのです。不正があれば、それら
も今後は暴露されるでしょう。アメリカの歴史上でも、見
たことがない本当の真実を皆さんは知ることになるでしょ
う。

美代子 でも、民主党は不正を絶対に認めないし、トラン
プが勝ったら、暴動とか自爆テロとかも計画されている
と聞いています。今回の選挙でも郵便投票では不正があ

るようですし、民主党は何をするのかわからないですね。でも、今回の選挙では「QFS（量子金融システム）」のブロックチェーンの追跡システムを使うとも聞いているのですが、それは使われているのでしょうか？

チャーリー　はい、そのように聞いています。すべては計画にあるはずです。今は、ほとんどの国に派遣されていた軍隊が母国に戻っていて、州兵の他に米軍も待機しています。トランプ大統領は、いずれ、このカオスの中からよみがえるでしょう。今、天体の動きを見ると、この時期（11月上旬）には、土星と木星が並んで最も接近しており、12月21日にすべての惑星が一列に並びます。これが何を意味するかというと、これから浄化と癒しのエネルギーが流れ込んでくる、ということです。特に、11月4日から40日間がその期間にあたりますが、それがいわゆる「ノアの方舟（はこぶね）」の40日と重なるのです。この時を経て、冬至の頃には愛があふれる時期が訪れるのです。すべては計画通りです。今、眠っている方々もメディアが嘘をついていたことに気がつけば、真実に屈服するでしょう。

美代子　まさに、今のような時期にこそ、もっと瞑想をし

て、本当の自分とつながるべきですね。それに、できるだ
け自然の中に出かけたいですね。自然の中で深呼吸をし
て、大地とつながるべきです。私自身も2020年に入って
から高次元からの強い導きを感じていて、真実を人々に伝
えることを最優先にしてきました。世の中はパンデミック
に怯（おび）えていますが、それでも、明らかに地球のエネルギー
が良い方向に変わってきていると感じています。高次元の
存在たちが応援してくれているようです。

不正を監視してきた
米軍出身のヒーロー2人

チャーリー　今後、何かあっても、＊マイケル・フリンと
＊マイケル・ロジャースがすべてを監視し、不正や腐敗を
すべて記録してきたので、大丈夫です。まず、マイケル・
フリンは、2014年にオバマ政権時に国防情報局長官に抜
擢された人です。いわば、米軍の諜報機関のトップです
ね。このポストは、軍部からの信頼がない人は務まりませ
ん。世界で何が起きているのかを知り尽くし、軍隊の諜報（ちょうほう）

機関と大統領の間を取り持つ役に就くのですから。

　フリンはオバマの大統領時代にその地位にいて、当時の国務長官のヒラリー・クリントンの悪事をオバマに告発したのです。しかし、ヒラリーはオバマのお気に入りだから、「黙っていろ！」と注意されたのですが、「彼女の行為は憲法違反だし、狂っている！」と批判をやめませんでした。そして、「こんなことで軍隊を悪用できない！」と大統領に訴えたのです。これによって、フリンはそのポストから解任されてNSA（アメリカ国家安全保障局）に戻り、NSAの17代目の長官のマイケル・ロジャースと一緒にNSAで活動をしていたのです。ちなみに、17というのはQのシンボル（アルファベットの17番目の文字がQ）ですからね。そのQが、「Qがすべてを持っている。何も我々を止めることはできない」と投稿しているのです。で

＊マイケル・フリン

アメリカの外交アドバイザー、元アメリカ陸軍中将、国防情報局長官（2012-2014）。2017年にトランプ大統領に国家安全保障問題担当大統領補佐官に任命されたが、ロシア疑惑の発覚を受けて辞任する。イラク戦争・アフガニスタン戦争に従軍する。

＊マイケル・ロジャース

米国サイバー軍の2番目の司令官を務めた元米国海軍大将。2014年から国家安全保障局の17代目局長と中央保安部長を兼務。また、第10艦隊の司令官と米国艦隊サイバーコマンドの司令官を務めた経験もあり。

すから、マイケル・フリンとマイケル・ロジャースには感謝しないといけないですね。

　カバールの制裁に時間がかかっている理由は、たとえば、オバマ他、世界中の悪魔的なリーダーたちに秘密裏に恩赦が与えられているからです。要するに、一度恩赦が与えられてしまうと、新しい罪を探さないといけなくなったのです。

美代子　そうなのですね。それにしても、フリンさんとマイケルさんの2人は本物のヒーローですね。

 ## ホワイトハウスで行われていたおぞましきピザ・パーティーとは!?

チャーリー　まずは、ヒラリーの罪がまず暴かれ、そこから、ビル・クリントン、そしてクリントン財団へと次々に暴かれていくでしょう。そして先ほどから、ハンター・バ

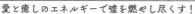
イデンのパソコンの動画や画像の話が出ていましたが、そこから、ジョー・バイデンの犯した罪も暴かれるでしょう。パソコンに隠されていた動画や画像などは、見るに耐えられないものばかりです。こうして次々と罪が暴かれていくはずです。

　オバマは最初の黒人の大統領として2009年に「ノーベル平和賞」を取りましたが、その後、彼は8つの戦争を起こしました。それに、政権に就いて数カ月でノーベル平和賞を取るなんて普通なら理解できません。こういったことも暴露されるでしょう。それもすべてバイデンのパソコンからつながっていくはずです。ちなみに、ミシェル・オバマは男で、マイケル・ヴォン・ロビンソンが本名です。ミシェルを演じているマイケルは、「バフォメット（キリスト教における山羊の頭に人間の体を持つ悪魔。黒ミサ時に招集される）」という悪魔を崇拝しています。彼は若い時からカバールの中で黒いマジックの魔女になるように訓練されてきました。彼はオバマとの関係において支配者の側です。彼らの子どもたちは彼らの友人の子どもたちです。

美代子　ファースト・レディだったミシェルが男だという

のは知る人ぞ知る情報ですが、皆さんが知ったら驚くで
しょうね。

チャーリー　マイケルとオバマは本当にひどいカップル
で、「ピザゲート」の名で知られていますが、これは本当
に起きた事実です。ある夜、ホワイトハウスでピザとホッ
トドッグのパーティーがありましたが、その日はたくさん
の子どもたちが集められていました。そのピザ屋のオー
ナーの男性が、自身のインスタグラムやフェイスブックに
当日の写真を上げたことで注目を集めたのですが、なん
と、子どもを殺す部屋まであったのです。もちろん、それ
らの写真や動画はその後、すぐに消されましたが実在して
いました。本当に恐ろしい写真でした。ピザ屋のオーナー
もワシントンDCにある小さなピザ屋のオーナーに過ぎな
いのですが、彼はオバマが大統領の時に、10回以上もホ
ワイトハウス内に入っています。どうして一介のピザ屋が
アメリカ大統領に何度も接近できるのでしょう？　何が
目的でしょうか？　そのピザ屋は「コメット・ピンポン
（Comet Ping Pong）」というフランチャイズでもない、た
だの小さなピザ屋です。その店には、子どもたち用のピン
ポン台などもあり、遊べるようになっています。実は、そ

こはエリートのために子どもを調達する場所だったのです。

　この件に関して、あのヒラリーでさえも、メールを通じてオバマに「ホワイトハウスでそのようなピザ・パーティーを開かないように！」と注意をしていました。でも、オバマとマイケルは彼女の忠告を無視し続けました。また、ホワイトハウスの大統領の執務室で現役の大統領に男娼がいたり、乱交パーティーが行われたり、子どもたちが性的に暴行を受けたりしていたことがすべて録画されていたのです。あのヒラリーが「やりすぎ！」と言うなんて、これは相当邪悪なことなのです。なぜなら、ヒラリーほど悪魔的な人はこの世にいないのですから。オバマへの人々の愛と尊敬はすべて幻想です。これらの真実が暴露されたら、途方にくれる人がどれだけいることでしょうか。

地球の波動は
すでに上がっている

美代子　本当に気分が悪くなる話です。オバマ家の養女になった娘2人もある意味被害者ですね。私も2016年に大統領選をリサーチしていた時に、このピザゲートの話を知って驚きました。これらの事実を知ると、人々に真実を伝えないといけないという衝動に駆られたものです。長い道のりでしたが、今やっと、多くの闇の部分が世間についに明るみに出るのですね。

チャーリー　はい。2021年は衝撃やトラウマが続き、そこから癒されるまで時間はかかるかもしれません。でも、おっしゃるように地球の波動はすでに上がっています。深い地下から抑圧された子どもたちを地上に救出するだけで、地球の波動が上がるのです。もともと、シューマン共振（地球がもともと持っている周波数）は7.83Hzでしたが、今では約2倍の14Hzにまで上がっています。でも、神様の高い周波数までは、まだまだ開きがあります。

　とにかく、すべてはエネルギーなので、愛、喜び、思いやりの精神で地球の波動を上げていかなくてはなりません。100年前にテスラが追求していた方向性に行けたのに、私たちはアインシュタインの方向に来てしまいしたか

らね。そのとき、愛やイエス・キリストの波動から離れて
しまったのです。でも、これから施行される量子金融システ
ムは愛のエネルギーでもあるのです。この新しいシステム
では、人のお金は絶対に奪うことはできません。人々は
自由になり、暴力が減っていくでしょう。そして他人と自
分を比較するのではなく、内側とつながり、自分を見つめ
られるようになります。ですから、自分を変えることで人
生を良くしていく、という感覚が大事になってきます。

美代子　本当にそうですね。これからは、お互いに思いや
りで助け合うことが、本当の幸せになりますね。それに、
新しい量子金融システムは、物質的な面だけでなく、意識
の改革にもなるのですね。こんな大きな変革の時代に生き
ていることを幸せに思います。愛と光が輝く新しい地球に
移行するのが楽しみです。できるだけ多くの人が真実に目
覚めてくださるのを祈ります。今日は、長い時間にわたっ
て、本当にありがとうございました！

チャーリー　こちらこそ、ありがとうございました！

~対談を終えて~

美代子の部屋 ③

🌹 大自然の中で動物と暮らす
チャーリーさん

　3人目の対談相手であるチャーリーさんは、スピリチュアルの世界に造詣が深いので、お話を伺っているだけでとても心地が良くなる、そんな柔らかな雰囲気を持った人です。

　また、対談中にも、チャーリーさんがメキシコの自然の中で、たくさんの動物を飼っているお話も出てきますが、その動物たちとは、犬21匹に猫11匹、鳥2羽、馬3頭、山羊1頭、オポッサム（フクロネズミ）4匹など、

まるで動物園のようなにぎやかな大所帯です。

　チャーリーさんご自身も、ご夫婦で自給自足に近いローフードの食生活を続けているような、ヘルシーなライフスタイルを送る方です。「生活費のほとんどは、動物たちの餌代に消えているよ！」、と語っていたのが印象的でした（笑）。

　彼は、もともとの職業はミュージシャンと対談中にもありますが、これまで約150冊もの音楽関係の本を執筆されてきたという才能豊かな方でもいらっしゃいます。

🌹 チャーリーさんの言葉は
直感が YES と言う

　さて、今の世の中には誤情報があふれる中で、真実を見極めるにはどうすればいいでしょうか？

　それはやはり、自分の内なる声に従うこと。いくら正しいと言われていることも、「これは違うかも！」と直感でピン！とくるものがあるのなら、その時は直感の方を信頼してほしいのです。

　今回、チャーリーさんとの対談においては、トラン

プ大統領のトピックにかなりの時間を割きましたが、チャーリーさんが語るトランプ大統領についての情報は、私の直感がすべてほぼ正しいと判断できることばかりです。

チャーリーさんのコメントの中には、「神様がトランプ大統領を選ばれた」というような少し突拍子もない発言もありますが、私にとっては、この言葉だってしっくりくるのです。

なぜなら、多くの予言者たちもトランプ氏が大統領に立候補するかなり前から、そのことを予言していたからです。

トランプ大統領

大手メディアが伝える情報の影響で、世界中の人々に嫌われながらも、カバールとの闘いに立ち向かうトランプ大統領。実際にトランプ大統領を知る人は、その人柄について大手メディアとは真反対の評価をする人も多い。＜画像はYouTube「The New York Times channel」より＞

　それにしても、これまでのアメリカの歴代の大統領の中で、トランプ大統領ほど世界中のメディアに叩かれた人はいません。そして、メディアに洗脳された世界中の人は、日々のニュースを鵜呑みにしてしまい、結果的にトランプ大統領のことを嫌いになった人も多いようです。

　本来なら、トランプ大統領のような億万長者は、70歳を過ぎれば悠々自適で幸せな老後の時間を過ごせたのです。そんな彼が世界中の大多数の人から嫌われながらも、大きな役割をあえて引き受けているのです。

　これはやはり、特別な使命がなければできないことです。もちろん、その使命とはカバールから世界の人々や子どもたちを守ることです。

　かつて、ケネディ大統領がやりかけて成し遂げられなかったことを今、トランプ大統領がやり遂げようとしています。でも、そのためには、高次元の存在たちや、人類をサポートするエイリアンの応援がなければ無理なのかもしれません。チャーリーさんは、「地球上のすべての生命体がトランプ大統領を応援している」、と語っていましたが、本当にそうかもしれませんね。

🌹 多くの人が知らない
トランプ大統領のエピソード

ドナルド・トランプ大統領について、有名なジャーナリストのリズ・クロッキンさんが次のようなコメントを残しています。

「ドナルド・トランプ氏を長年取材してわかったこと。それは、彼には何も汚点は見つからず、むしろ逆でした。お酒を一滴も飲まない彼は、寛大で思いやりがあり、かつ、正義感が強い人。また、長きにわたって、慈善活動をしてきたような人です」と話しています。

これを説明するエピソードとして、実際に起きた次のような話があります。

1988年に、トランプ氏はユダヤ人の少年が、ある難病のために飛行機で搭乗拒否をされたことを知ると、すぐに自分のプライベートジェットを手配して、必要な治療が受けられるようにと、ロサンゼルスからニューヨークまで彼らを運んであげたことがあります。

また、別のエピソードとしては、ある日トランプ氏が

リムジンでアトランタに向かう際、彼のリムジンが故障しました。すると、ちょうど車で通りがかったある夫婦がその状況を助けてあげたのです。その1週間後に、その夫婦の自宅の残りのローンがすべてトランプ氏によって支払われていた、という逸話もあります。

実は、このようなエピソードは、書ききれないほどあるのです。

少し大きな視点で見たときに、アメリカの歴史には常に戦争がありました。

第2次世界大戦後にも朝鮮戦争、ベトナム戦争、レバノン侵攻、リビア爆撃、パナマ侵攻、湾岸戦争、アフガニスタン紛争、イラク戦争などと続きました。けれども、トランプ大統領の政権期間中には戦争は一度も起きず、逆に、世界各地から米軍を撤退させているくらいなのです。

🌹 トランプ大統領は、宇宙次元におけるチェス・プレイヤー

さて、誰もが気になるのが、大統領選後の行方ではないでしょうか?

　実は、チャーリーとはちょうど大統領選の前日に話をしていたのですが、その時に「トランプ大統領が圧勝ですね!」と意気投合はしていたものの、チャーリーは、「実際には、大手メディアもSNSもすべてがバイデンの勝利だと発表するよ。だから、今後は面白いことになるよ!」と語っていました。そして、実際にその通りになっているのです。

　でも、民主党は大胆な不正選挙をしているので、有効票だけを数えれば、トランプ大統領が圧勝しているはずです。対談中にも度々、「ショー」という言葉が出てきますが、今回のことも、まだ眠っている人に向けて、「カバールの不正や汚職をわざと明るみに出していく」というトランプ大統領とQの緻密な作戦なのです。

　そんな大胆なことを行うトランプ大統領は、まるで宇宙次元におけるチェス・プレイヤーのようですね。

　私たちは、ただこの壮大なスペクタクルを楽しみながら見ていることにしましょう!

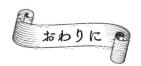

おわりに

　本書を最後まで読んでくださり、どうもありがとうございます。

　この本に登場してくださった3名の方々へのインタビューは、2020年10月から11月上旬にかけて行われましたが、現在（2020年12月上旬）のその後の世界の動きについて、ここで少し追記しておきたいと思います。

　まず、誰もが気になっているのが、やはり、アメリカの大統領選挙のその後の動きではないでしょうか？

　この本が出る頃には、さらに状況は明らかになっているはずですが、ご存じのように、今回は民主党による大規模かつ大胆な不正選挙が行われました。

　これについては今後、シドニー・パウエル、ルドー・ジュリアーニやリン・ウッドなどの弁護団により、真実が暴かれることを信じています。今回の不正選挙はクーデターそのものであり、この件に関与した人々は国家反逆罪に問われるはずです。

　ちなみに、選挙に使われたのはドミニオン社という会社の集計システムですが、このシステムによって不正が行われたといわれています。

　選挙後には、ドイツのフランクフルトにあるドミニオンのサーバーが押収されましたが、その際、米軍の特殊部隊（デルタフォース）の5名の兵士の尊い命が失われました。心からご冥福をお祈りいたします。

　実は、ドミニオンのこのシステムは、かつてCIAがベネズエラの独裁者、ウゴ・チャベスを大統領にするためにドミニオンに作らせたものだったのです。

　このフランクフルトにあったドミニオンのサーバーは、世界の他の国々の投票機ともつながっていたようです。これが何を意味しているのかというと、要するに、アメリカだけでなく、世界中で不正選挙が整然と行われていた形跡がある、ということになるのです。

　まさに、このような事態こそ、民主主義に対する暴力ではないでしょうか。

　豊かだったベネズエラは、チャベスが大統領になった結果、どうなったかご存じですか？

国民は、さらに貧困に苦しむことになったのです。

　さて、本書をお読みいただいた読者なら、今回の不正選挙で、どれだけ大手メディアが嘘の報道をしていたのかについても、すでにお気づきのはずです。

　今回登場いただいた3人も口を揃えて語っていたように、今こそ私たちは目覚めるべき、という時を迎えているのです。人類にとって、今のこのタイミングこそが最後のチャンスなのです。

　パラディンさん、ジーンさん、チャーリーさんの3人は、命を懸けて危険を顧みずに真実を伝えてくれていますが、カバールVSアライアンスの"目には見えない戦争"の中で、私たちの知らないところで正義を貫き、命を落とした多くの勇敢な人たちがいることも決して忘れてはなりません。

　彼らの死を無駄にしないためにも、今度は私たちが立ち上がる番なのです。

　今後、光の勢力であるアライアンスは、目覚めた人たちとともに、新しい地球へ移行することになります。

　そのタイムラインも、すでにでき上がっています。

　ぜひ、あなたもそのタイムラインに乗ってほしいのです。

　2021年は、まだまだ闇の勢力の退治が続くので混乱も残りますが、ジーンさんもおっしゃっていたように、2022年からは平和な時代が訪れるはずです。今後、愛と平和に満ちた時代は、約1000年間続くはずです。

　1つだけ、あなたに覚えておいてほしいことがあります。
　それは、あなたは自分で思っている以上に偉大で、かつ、神聖な存在であるということです。
　対談中にもあったように、「引き寄せの法則」はサイエンスであり「波動の法則」です。
　これまで、「夢が叶わない！」と嘆いていた人も、波動の上がった新しい地球では、自分でも驚くほど夢が叶うようになるはずなので、ぜひ、楽しみにしておいてください！
　だからこそ、そんな愛と平和と調和に満ちた美しい地球を、今のうちから、自分のもとに強く引き寄せておいてほしいのです。

新しい地球では、海も河川も空もきれいになり、山や森では緑が輝く自然の中、人々はフリーエネルギーを活用して環境にはやさしいのに、ハイテクノロジーの暮らしが可能になっているはずです。

　また、最先端の医療技術によって、不治の病でさえ治癒が可能になり、人々はいつまでも若々しく幸せでいられるでしょう。

　そんな世界では、自分の個性や能力を最大限に活かした生き方ができるはずです。

　そして、何より私が望むのは、そんな平和になった地球のすみずみの街角には、救出された子どもたちの楽しそうな笑い声が響き渡っている、ということです。

　そんな日が訪れるまで、私もこの活動を続けていきたいと思います。

　さあ、今こそテレビを消して、自然の中に出ていきましょう！

　深呼吸をして、自然の神秘と、自分の聖なる本質とつながってみてください。

　自分の本質とつながったあなたなら、きっと "本当の真実" が見えてくるはずです。

　最後に、世界中からインタビューの依頼が後を絶たない中、この本の取材に貴重な時間を割いていただいたホワイトハットのパラディンさん、ジーンさん、チャーリーさんへ。本当にありがとうございます。

　また、出版を実現してくださったVOICE社の大森社長、出版コーディネートの前澤さん、編集の西元さん、デザインの小山さん、さらには、いつも私を支えてくれる仲間や家族、高次元の存在たちに、この場をお借りして感謝いたします。

　そして誰よりも、この本を手に取ってくださったあなたに、心よりのお礼を申し上げます。

　——本当の真実に人々が目覚めますように。すべての人の夢が実現し、世界が平和になることを祈って——

佐野美代子

佐野美代子
Miyoko Sano

東京生まれ。商社マンの父の赴任先の英国ロンドン郊外で小学校時代を過ごし、大学時代はボリビアの大学にも留学。神戸大学付属中学卒業、大阪教育大学付属高校卒業、上智大学英文学科卒業。外交官の夫とともにパリ、ジャカルタ、ニューヨーク、ジュネーブ、コペンハーゲンと駐在し、海外生活は通算24年以上。外交官夫人として国際文化交流の活動をする一方で、国際会議の同時通訳者として20年以上活躍。モンロー研究所公式アウトリーチ・ファシリテーター。

∽ 通訳 ∽

国連、ILO、欧州委員会などの国際会議の同時通訳、宇宙データ通信、金融、投資、文化、教育、環境、広告、経済、IT・情報通信など幅広い分野の会議通訳。ジョージ・ルーカス、宇宙飛行士、ヴァレンチノ・ファッションショー、フランク・ミュラー、東京都知事とジュリアーニ市長、ハワイ州知事など数多くの記者会見。CNN 2カ国放送の通訳。バーバラ・ブレナン、ラムサの学校、クリムゾン・サークル、モンロー研究所など数多くの精神世界の同時通訳。

∽ 著書・教材 ∽

全世界で2800万部を超えるベストセラーとなったロンダ・バーンのシリーズ『ザ・シークレット』『ザ・パワー』『ザ・マジック』『ヒーロー』『ザ・シークレット　日々の教え』『ザ・シークレット　人生を変えた人々』『ザ・シークレット to TEEN』(KADOKAWA)を山川夫妻と翻訳。世界の5000万部超の著者ルイーズ・ヘイとモナ・リザ・シュルツ医学博士が書いた『すべてうまくいく』(KADOKAWA)を翻訳。著書に『あなたが願う愛と幸せは現実になる』(廣済堂出版)、『人は「あの世」で生き続ける』(PHP研究所)、『前世のシークレット』(フォレスト出版)の他、『シークレットコード』DVDや『あなたの願いを宇宙が叶える7日間の魔法のプログラム』(フォレスト出版)などの音声教材もあり。

∽ 活動 ∽

全国各地で引き寄せの法則の講演会やセミナー、ヘミシンクの瞑想セミナーや企業向け研修の講師として好評を博す。世界真実セミナーも各地やズームで開催。海外生活体験から得た豊かな感性、英語力と世界中の人脈を使い、最先端の世界情報を発信中。夢は「世界中の子どもたちが笑顔で暮らせる世界を実現すること」。

◆ YouTube チャンネル「Miyoko Angel」「Miyoko Angel 2」
◆ 佐野美代子公式アメーバブログ
　 https://ameblo.jp/sano-miyoko
◆ メンバーズサロン
　 「佐野美代子　キャンプファイヤー」と検索
◆ お問い合わせ事務局
　 miyokosanojimukyoku@gmail.com

地球と人類を救う
Truth Seekers
真実追求者たちとの対話
～光と闇の最終章が今、はじまる～

2021 年 2 月 15 日　　第 1 版第 1 刷発行
2021 年 3 月 5 日　　第 1 版第 5 刷発行

著　者　　　佐野 美代子

編　集　　　西元 啓子
校　閲　　　野崎 清春
デザイン　　小山 悠太

発行者　　　大森 浩司
発行所　　　株式会社 ヴォイス　出版事業部
　　　　　　〒 106-0031
　　　　　　東京都港区西麻布 3-24-17 広瀬ビル
　　　　　　☎ 03-5474-5777 （代表）
　　　　　　☎ 03-3408-7473 （編集）
　　　　　　📠 03-5411-1939
　　　　　　www.voice-inc.co.jp

印刷・製本　　株式会社 光邦